ars vivendi

Essen und Trinken

Pilger- und Tourist-Information

Übernachten

Hinweise für Radfahrer

Sehenswürdigkeiten

Sport und Freizeit

Helwig Arenz, Jahrgang 1981, wuchs in Fürth auf. Sein geisteswissenschaftliches Studium in Erlangen gab er zugunsten eines Schauspielstudiums in Linz auf, das er 2006 abschloss. Engagements an Bühnen, u. a. in Hamburg, Wilhelmshaven, Memmingen und Hof, folgten. Seit 2013 arbeitet er als freier Schauspieler und Autor. 2014 erfolgte im *ars vivendi verlag* die Veröffentlichung seines literarischen Debüts *Der böse Nik*, 2016 erscheint sein zweiter Roman *Nachts die Schatten*.

Sigrun Arenz, Jahrgang 1978, wurde in Nürnberg geboren und arbeitet hauptberuflich als Gymnasiallehrerin. Bei *ars vivendi* erschienen neben Anthologie-Beiträgen bisher ihre Krimis *Das ist mein Blut* (2008), *Kühl bis ans Herz* (2009) und *Nicht vom Brot allein* (2012). Zudem ist sie Mitautorin der Freizeitführer *Jakobswege in Franken 1* (2005) und *100 x verführt Nürnberg, Fürth, Erlangen* (2013).

Helwig Arenz · Sigrun Arenz

Jakobswege in Franken 2

Von Hof bis Ulm

Ein ars vivendi Freizeitführer

Bei der Realisierung dieses Buches ließen wir größtmögliche Sorgfalt walten. Falls dennoch Informationen falsch oder inzwischen überholt sein sollten, bedauern wir dies, können aber auf keinen Fall eine Haftung übernehmen.

Bildnachweis:
Helwig Arenz: S. 11, 17, 20, 25, 28, 34, 37, 41, 66–67, 85; Sigrun Arenz: S. 13, 96, 106, 110, 113, 118, 120, 123, 129, 140, 143, 155, 156, 159, 165, 175, 183, 186; carso80/fotolia: S. 92, 103; Otto Durst/fotolia: S. 104; Hartmut Knipp/fotolia: S. 94–95; picturegarden/fotolia: S. 171; Stefan Schaller: S. 124; Julia Schwab: S. 23, 30, 44, 46, 48–49, 52, 55, 56–57, 60, 63, 64, 70, 72, 75, 76, 80, 82, 116, 126–127, 132, 135, 139, 147, 148–149, 166, 173, 178, 180–181; tempic/istock: S. 91;

Die Autoren und der Verlag bedanken sich recht herzlich bei Julia Schwab für die tatkräftige fotografische Unterstützung!

Erste Auflage 2016

www.arsvivendi.com

Umschlaggestaltung: ars vivendi verlag
Umschlagfotografie: © somor/istockphoto.com
Satz: ars vivendi verlag
Karten: Ingenieurbüro Dieter Ohnmacht, Frittlingen
Druck: GPS Group GmbH, Velden
Printed in the EU

ISBN 978-3-86913-639-4

Inhalt

Vorwort

»Ich bin dann mal weg.« Der Titel von Hape Kerkelings Roman über seine Wanderung auf dem Jakobsweg ist nicht zufällig zu einem geflügelten Wort geworden. Einfach mal raus aus dem Alltag, weg von der ganzen Hektik, das klingt für viele von uns wie eine Verheißung. Wir wollen Neues erleben und Altes hinter uns lassen. Wir wollen Erholung und Ruhe. Wir glauben, dass alles ein bisschen anders und ein bisschen besser wird, wenn wir erst einmal im Urlaub sind und der Stress von uns abfällt. Und oft genug müssen wir dann am Zielort feststellen, dass wir unsere Koffer falsch gepackt haben. Dass wir den Ärger über die Kollegen, die Unzufriedenheit mit uns selbst und die Probleme des Familienlebens mitgenommen haben.

Wirklich weg, das merken wir immer wieder, sind wir auch im Urlaub selten. Vielleicht hat das Wandern über längere Strecken deshalb in unserer hektischen Zeit wieder an Bedeutung gewonnen: als Möglichkeit für den Menschen, zu sich zu kommen, sich für neue Erfahrungen zu öffnen und Ballast loszuwerden. Wer auf dem Jakobsweg in Deutschland oder Spanien unterwegs ist, der folgt zudem noch einer langen Tradition, die einst Menschen in ganz Europa verbunden hat.

Im Mittelalter war Santiago de Compostela im Nordwesten Spaniens neben Jerusalem und Rom eines der bedeutendsten christlichen Pilgerziele. Jakobus war einer der zwölf Jünger Jesu; er und sein Bruder Johannes trugen den Beinamen »Donnersöhne«. Wahrscheinlich erlitt Jakobus in Jerusalem den Märtyrertod, wo er eine zentrale Gestalt in der jungen christlichen Gemeinde gewesen war. Spanische Überlieferungen hingegen sprechen von seiner Missionstätigkeit in Spanien. Dort wurde sein Grab im 9. Jahrhundert wiederentdeckt – offenbart durch eine Lichterscheinung am Himmel, die der Stadt Santiago ihren Beinamen Compostela, »Sternenfeld«, verlieh. So will es die Legende.

Ebenso wie die Geschichte der Institution Kirche ist auch die Rezeption des heiligen Jakobus aus heutiger Sicht nicht nur positiv zu sehen: Zur Zeit der Reconquista wird er als Maurentöter auf der Seite der christlichen Ritter im Kampf gegen die Muslime dargestellt. Es sollte uns zu denken geben, dass solche historischen Gräben von den Fundamentalisten verschiedener Seiten heute wieder aufgerissen werden, dass ein Jahrtausend nach den Kreuzzügen plötzlich wieder von den »Ungläubigen« auf der einen, vom patriotisch überhöhten »christlichen Abendland« auf der anderen Seite die Rede ist.

Vielleicht wäre es heilsamer, sich zurückzubesinnen auf die Tatsachen, dass Jakobus als der erste Märtyrer unter den Aposteln gilt, dass viele Legenden ihn als Helfer der zu Unrecht Beschuldigten und als Retter in der Not zeigen – und dass er selbst ein Pilger ist, erkennbar an Wanderstab und Muschelhut, als einer, der den Weg zeigt und selbst geht; der um die Beschwernisse, aber auch die großartigen Möglichkeiten der Reise weiß.

Wandern also: Wer seinen Rucksack für eine mehrtägige Tour packt, der nimmt nur das Nötigste mit, denn schließlich muss er alles auf den eigenen Schultern tragen.

Packen wir statt der Diskussionen über den Haushalt also lieber eine Thermoskanne ein, statt des Zwistes mit dem Arbeitskollegen lieber ein zweites Paar Socken, statt unserer Unzufriedenheit mit uns selbst lieber eine gute Landkarte, die uns den Weg weist. Für alltägliche Sorgen ist im Wanderrucksack kein Platz.

Wer mehrere Tage lang einfach nur läuft und läuft und läuft, fängt an, anders zu denken. Auf einmal zählen nur noch ganz handfeste Bedürfnisse; die Fragen werden einfacher – und auch die Antworten, weil wir der Seele eine Pause gönnen.

Der Aufwand dafür ist gering. Es muss nicht gleich der »Camino«, der spanische Jakobsweg, sein, der über die Pyrenäen führt und dann – nach fast 800 Kilometern – direkt vor der Pforte der Kathedrale in Santiago endet. Der Jakobsweg beginnt vor der Tür, denn von dort sind die Pilger früher losgezogen und haben ein Geflecht von Hunderten kleiner Strecken geschaffen, die Europa wie ein feines Netz überziehen. Seit den Siebzigerjahren des 20. Jahrhunderts machen sich Menschen wieder verstärkt auf, folgen den Wegen, die oft mitten durch ihre Dörfer oder Städte führen – aus dem Alltag hinaus zu einer anderen Erfahrung der Welt.

Dazu will dieses Buch ermutigen: Packen Sie Ihre Sachen, schnüren Sie die Wanderschuhe, vergessen Sie die Sonnencreme nicht – und los geht's. Wir sind dann mal weg. – Buen camino!

Sigrun und Helwig Arenz

Über dieses Buch

Im Jahr 2005 ist der erste Teil von *Jakobswege in Franken* erschienen, der die drei fränkischen Hauptstrecken des Jakobsweges beschreibt. *Jakobswege in Franken 2* geht nun mit den Strecken Hof–Nürnberg und Nürnberg–Ulm über die fränkische Region hinaus, auch wenn der Mittelpunkt der Strecke mit Nürnberg genau in ihrem Herzen liegt. Dieser Wanderführer will Ihnen in erster Linie alle nötigen Informationen für unterwegs aus einer Hand bieten. Dabei ist es egal, ob Sie eine **Tagestour oder eine mehrtägige Wanderung** planen: Die einzelnen Kapitel enthalten Wegbeschreibungen, Hinweise zu Sehenswürdigkeiten und Einkehr- sowie Übernachtungsmöglichkeiten. Darüber hinaus finden Sie Zwischentexte, die Unterhaltsames und Nachdenkliches zum Thema »Wandern auf dem Jakobsweg« enthalten.

Jedes Kapitel ist deshalb folgendermaßen aufgebaut:

Unter der Überschrift **»Das liegt vor uns«** gibt es allgemeine Informationen zur Strecke und zur Landschaft sowie gegebenenfalls Hinweise zum Schwierigkeitsgrad und zu Besonderheiten des Weges. Die Jakobswege in Deutschland wurden von verschiedenen Institutionen markiert; es gibt Strecken, die sehr gründlich und übersichtlich gekennzeichnet sind, aber auch solche, die den Wandersmann oder die Wandersfrau stellenweise ratlos zurücklassen. Deshalb folgt mit **»Hier geht's lang«** eine Wegbeschreibung, die so genau wie nötig ist, um in solchen Fällen Klarheit zu schaffen, ohne dabei jede Markierung einzeln zu erwähnen.

Der Abschnitt **»Das gibt's zu sehen«** informiert über Sehenswürdigkeiten auf dem Weg und abseits des Weges. Wo bietet sich beim Wandern oder Radfahren ein Halt an, wo lockt ein lauschiger Biergarten oder ein besonders schöner Rastplatz? Welche architektonischen Kleinodien laden zu einem Besuch oder einem genaueren Blick ein? Welche touristischen Attraktionen finden sich am Zielort? Alles, was unterwegs oder am Ende der Etappen noch interessant ist, finden Sie in diesem Kapitelteil.

Abgeschlossen wird jede Etappe mit ausgewählten Daten zu **Einkehr, Übernachtung, Sehenswürdigkeiten und Tourist-Informationen**. Wir haben hier größtmögliche Sorgfalt walten lassen; trotzdem empfiehlt sich aber vor allem in den ländlichen

Regionen ein Anruf, weil sich einerseits Öffnungszeiten des Öfteren ändern und Gasthäuser schließen, während die steigenden Wanderer- und Pilgerzahlen andererseits immer wieder neue Übernachtungsmöglichkeiten entstehen lassen.

Damit Ihnen abends die Zeit nicht zu lang wird, haben wir außerdem ein paar **unterhaltsame Kurztexte** zwischen die Tourenbeschreibungen gesetzt. Wenn Sie im Hotel neben der Zimmerbar sitzen, im Schäferwagen die Wanderschuhe aufschnüren oder im Zelt in Ihren Schlafsack gekrochen sind, ist der richtige Moment für Gedanken über das Wandern, für Amüsantes über die Stadt Ulm oder eine ironische Bestandsaufnahme der Outdoorausrüstung.

Informationen zum Weg

Vom **oberfränkischen Hof** in unmittelbarer Nähe der Grenze zur Tschechischen Republik führt unsere Wanderstrecke zunächst durch die schöne Landschaft des **Frankenwaldes**. Etwa auf halbem Weg nach Nürnberg liegt die **Wagnerstadt Bayreuth**, auf ihre Weise auch ein berühmtes »Wallfahrtsziel«, von der aus es dann durch die ebenfalls landschaftlich reizvolle **Fränkische Schweiz** geht. Ende der einen und Anfang der anderen Route bildet die ehemalige Freie **Reichsstadt Nürnberg** mit ihrer Burg, den vielen mittelalterlichen Kunstschätzen und ihrer bewegten Geschichte.

Auch wenn Nürnberg mit seiner halben Million Einwohner das Zentrum der belebten Metropolregion bildet, befinden wir uns schon zwei Tagesetappen weiter wieder in einer ländlichen Gegend, in der **schmucke Dörfer und Kleinstädte** mit barockem Flair oder mittelalterlichen Befestigungen sich aneinanderreihen. Durch das **Fränkische Seenland** führt der Weg und dann langsam in südwestlicher Richtung immer wieder aufwärts – immerhin sind bis Ulm insgesamt knapp 170 Höhenmeter zu überwinden. Jenseits von **Nördlingen** verlassen wir schließlich nicht nur das Frankenland, sondern auch Bayern und wandern in Baden-Württemberg weiter. Eine Etappe führt durch die »Teddybärenstadt« **Giengen an der Brenz**, und am Ende der Strecke wartet an den Ufern der Donau die Stadt **Ulm** mit dem noch immer höchsten Kirchturm Deutschlands und zahlreichen Sehenswürdigkeiten.

Zumindest endet der vorliegende Wanderführer dort – der Jakobsweg selbst geht natürlich weiter, zunächst nach Konstanz und immer Richtung Südwesten. Auch im Jahr 2016 gibt es viele Menschen, die den Jakobsweg »ganz« gehen, die ihre Pensionierung oder ein Sabbatjahr nutzen, um irgendwo in Deutschland loszuwandern, und erst in Santiago de Compostela haltmachen. Für die meisten Leser dieses Buches wird eine so lange Strecke aus den verschiedensten Gründen nicht infrage kommen. Aber ob eine Etappe, zwei oder zehn – das Wandern lohnt sich immer. Und die, die sich nur auf den Jakobswegen zwischen Hof und Ulm bewegen, erfahren in den Tourenkapiteln dieses Wanderführers, welche Strecken sich auch für einzelne Tageswanderungen eignen, weil sie eine einfache Rückfahrt zum Ausgangsort ermöglichen – und auch, welche Etappenziele mit öffentlichen Verkehrsmitteln nur schwer erreichbar sind.

Die Jakobswege in Franken führen meist durch kleine Dörfer und Städte und vermeiden, wo möglich, größere Straßen. Oft folgen die Routen bereits bestehenden Wanderwegen oder alten Handelsstraßen, wie der »via imperii«, sodass man streckenweise deren Markierungen ebenfalls zur Orientierung verwenden kann.

Markiert ist der Jakobsweg üblicherweise mit einer **gelben oder weißen Muschel auf blauem Grund**, die sich meist an

Laternenpfählen, Zäunen oder Bäumen befindet. Auf der Strecke **Nürnberg–Ulm** weisen zudem meist **Links- und Rechtspfeile** auf Abbiegungen hin; Muschelzeichen ohne Pfeil zeigen an, dass man geradeaus weitergehen soll, und werden auf langen Streckenabschnitten ohne Abbiegungen gelegentlich wiederholt.

An einigen Stellen, etwa kurz vor Ulm, wird die Muschel ergänzt durch gelbe Pfeile, die auf den Boden gemalt sind. Oft kommt man mit diesen Markierungen ohne Schwierigkeiten voran; es gibt aber manchmal Zweifelsfälle, auf die im Buch explizit hingewiesen wird.

Auf den Etappen zwischen **Hof und Nürnberg** hat die Markierung keine Pfeile; das **schmalere Ende der Jakobsmuschel** (nicht die Strahlen!) weist stattdessen stets in die Richtung, die der Wanderer einschlagen soll. Auf Ausnahmefälle und Ungenauigkeiten wird in den Wegbeschreibungen bestmöglich aufmerksam gemacht.

Wir sind auf dem oberfränkischen Teil der Strecke (Hof–Marktschorgast) dem Hauptweg gefolgt, weil er mehr Sehenswürdigkeiten und bessere Übernachtungsmöglichkeiten bietet. Es gibt allerdings auch zwei landschaftlich reizvolle **Alternativetappen über das Fichtelgebirge**. (Den Link zu einer ausführlichen Wegbeschreibung finden Sie unten.)

Was Sie sonst noch brauchen? Im Idealfall nur Ihren Rucksack, da dieses Buch eigentlich weitere Karten und Wanderführer unnötig machen will. Wir sind viele Strecken gegangen, indem wir einfach nur den Markierungen gefolgt sind. Allerdings gibt es Touren, wo die Wege weniger gut ausgeschildert sind, sodass eine Wanderapp oder eine zusätzliche Karte gegebenenfalls durchaus angebracht sein kann.

Weitere Informationen zu den Alternativetappen Hof–Münchberg und Münchberg–Marktschorgast finden Sie unter:
www.jakobus-oberfranken.de

Wir haben die Etappeneinteilungen dieser hilfreichen und klar strukturierten Seite für unsere Touren übernommen.
Auf der Internetseite der *Jakobusgesellschaft Würzburg* finden Sie Tipps für Pilger, Informationen über die Strecken und die Möglichkeit, den Pilgerausweis zu bestellen, der einem die Türen der Pilgerunterkünfte öffnet:
www.jakobus-franken.de

I.

Von Hof nach Nürnberg

Be prepared! – Perfekt gerüstet 1

Ich saß in eine Decke eingewickelt auf dem Sofa und sah mir *YouTube*-Videos an, als meine Freundin aus der winterlichen Kälte vom Einkaufen zurückkam.
»Boah, ist es hier warm!«, schnaufte sie, ging in ihren dicken Stiefeln zur Heizung und drehte sie runter.
»Nicht!«, rief ich, »ich erfriere!«
»Ein kleiner Spaziergang würde dir mal guttun«, meinte sie nur und sah mir über die Schulter.
»Was guckst du?«, erkundigte sie sich.
Ich versuchte, meinen Laptop wegzudrehen, aber sie war schneller.
»Guckst du dir da wirklich ein Video an, in dem erklärt wird, wie man Wanderschuhe richtig schnürt?«, fragte sie ungläubig.
»Das ist von einem Outdoorexperten!«, verteidigte ich mich. »Die richtige Schnürung ist wichtig!«
Meine Freundin schüttelte nur den Kopf, öffnete ihre laienhaft gebundenen Schnürsenkel und zog die Schuhe aus.
Dann setzte sie sich mir gegenüber, sah mich ernst an und stellte die Frage, die alles verändern sollte.
»Wann wirst du eigentlich aufhören, dich auf deine große Wanderung vorzubereiten und einfach losgehen?«

Elisabeth hatte ja recht. Monatelang das Internet nach den neuesten Regenjacken zu durchforsten (Oder soll's vielleicht doch lieber ein Poncho sein? Der bedeckt auch den Rucksack und ist besser belüftet …) und Testberichte für ultraleichte Zelte zu studieren, kann zum Selbstzweck werden.
»Bei mir ist das mit Büchern so«, erklärte sie mir verständnisvoll. »Ich kann nicht aus einer Buchhandlung gehen, ohne ein Sachbuch gekauft zu haben. Das gibt mir das befriedigende Gefühl, umfassend gebildet zu sein. Und dieses Gefühl hält so lange an, bis ich in meinem Regal die eingeschweißten Exemplare von Peter Sloterdijk, Laurie Penny und Navid Kermani entdecke.«
»Aber wenn man sich allein wegen ungelesener Bücher im Schrank oder unbenutzter Multifuelkocher besser fühlt, ist das doch unterm Strich ein Gewinn«, freute ich mich.
»Mit einem kleinen Unterschied«, berichtigte mich meine Freundin. »Meine Bücher kommen auf unter 100 Euro. Wie viel hast du eigentlich in den letzten sechs Monaten an Outdoorversandhäuser überwiesen?«

Der Jakobsweg ist immer für überraschende Begegnungen gut:
Auf der Wanderung treffe ich einen berühmten Vorgänger.

1 Vom malerischen Theresienstein ins Hofer Land

Hof–Helmbrechts (21,5 km)

Das liegt vor uns

Von Hof mit dem Landschaftspark Theresienstein und mehreren sehenswerten Kirchen führt uns unser Weg über befestigte und unbefestigte Waldwege an den höchsten Punkt der Etappe – und den zweithöchsten auf der Gesamtstrecke bis Nürnberg. Vorbei am Flughafen Hof, ein Stück an der Autobahn entlang, aber sonst auf schönen Wald- und Feldwegen gelangen wir bis zur Johanniskirche in Helmbrechts.

Hier geht's lang

Der Jakobsweg verläuft vom schönen **Park Theresienstein** die Ludwigstraße bergauf in die Innenstadt. Wir kommen an der Stadtkirche St. Michaelis und am Rathaus vorbei und gelangen schließlich zur Marienkirche, wo im Mittelalter das Pilgerhospiz »Zum Pilgrim« stand. Links hinunter geht es wieder bergab und zur Lorenzkirche. Wenden wir uns dort nach rechts, erreichen wir bald den **Busbahnhof**. Es empfiehlt sich, die wenig schöne Strecke bis nach Osseck mit dem Bus (Linie 9) zu fahren. An der Haltestelle »Heimstätten« steigen wir nach einer zehnminütigen Fahrt aus und sind schon fast im Grünen. Die Jakobsmuschel führt uns wenige Meter von der Haltestelle links in den »Heuberggrund« hinunter. Von nun an folgt der Pilgerweg bis zum Ziel der Etappe dem gut markierten »Webersteig« des *Frankenwaldvereins* (zwei waagrechte blaue Striche auf weißem Grund).

In dem kleinen Ortsteil **Osseck** wenden wir uns nach Süden in Richtung Föhrenreuth. Der Weg führt hinauf und am Wald entlang, im Sommer kann man am Wegrand Blaubeeren finden.

Nach einer halben Stunde auf der Straße geht es auf Wald- und Feldwegen weiter, bis der **Flughafen Hof-Plauen** vor uns liegt.

Wir wenden uns nach rechts und finden eine Bank, wo sich eine Pause anbietet. Von hier aus kann man – notfalls mit etwas Geduld – Sportflugzeuge starten und landen sehen.

Weiter geht es ungefähr eine halbe Stunde auf befestigten Wegen bis nach **Föhrenreuth**. Nachdem wir den Ort hinter uns gelassen haben, halten wir uns nach dem Jägerhaus (altes Gutshaus) links. Genießen wir nun den Weg durch den Wald, ehe wir auf die Landstraße treffen, dieser kurz folgen, dann rechts abbiegen – und uns schon jetzt vom Lärm der Autobahn A9 leiten lassen. Wir überqueren die Landstraße auf der Höhe des Bushäuschens und biegen nach links in eine Schotterstraße ein. Eine Dreiviertelstunde geht es immer an der Autobahn entlang. Diese wenig schöne Wegstrecke bietet sich hervorragend an, um fröhliche Lieder zu singen oder sich angeregt zu unterhalten. Wir lassen ein altes Gehöft links liegen, biegen bei der zweiten Unterführung nicht ab, sondern folgen dem Weg in den Wald hinein. Schließlich geht es bei der nächsten Unterführung unter der Autobahn hindurch. Wir passieren einen Bauernhof und gelangen zur Straße, ein kleines Stück links, dann gleich rechts ab. Unbefestigte Wege führen uns nach kurzem Marsch nach **Almbranz**.

Hinter dem Dorf ersteigen wir – ohne uns sehr anstrengen zu müssen – den höchsten Punkt der Tagesstrecke und haben in 693 Metern Höhe einen schönen Ausblick: In südwestlicher

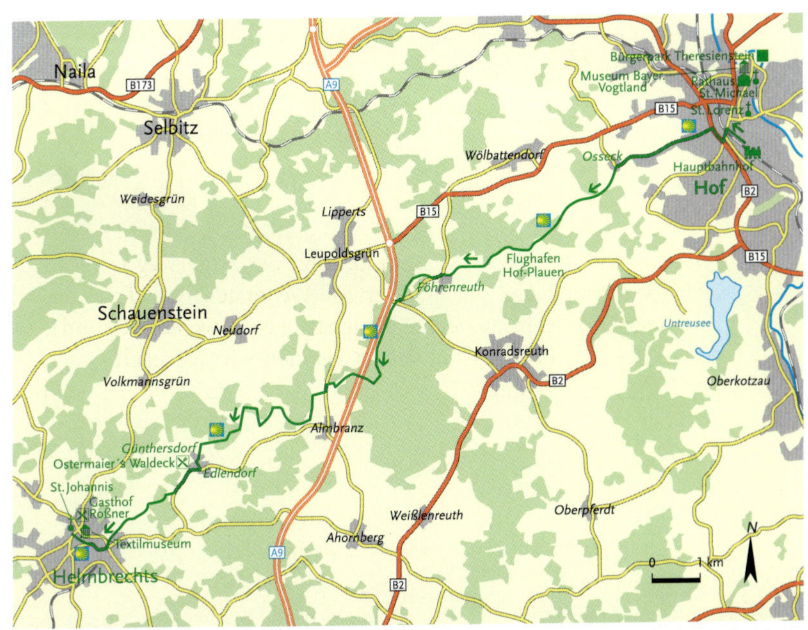

Richtung liegt Helmbrechts; das grüne, hügelige Land gibt uns einen kleinen Vorgeschmack auf die Etappe durch den Frankenwald am folgenden Tag.

Wir wandern nun aber talabwärts in nordwestlicher Richtung und erreichen schließlich **Edlendorf**. Das Etappenziel ist von hier noch etwa eine Stunde entfernt: Wer jetzt schon einkehren will, dem sei das reizende und sehr einladende *Restaurant und Hotel Ostermaier's* am Ortsrand empfohlen. Hinter dem Ortsschild geht es bald rechts ab über Wiesen in den Wald. Verwachsene, schöne Wege führen daraufhin ins Tal und zur Selbitz. Die Wege werden belebter, wir überqueren den Bach und laufen nach **Helmbrechts** hinauf. Die kleine Stadt begrüßt uns mit zwei großen Supermärkten. Wir wenden uns erst nach links und dann, beim Kreisverkehr, nach rechts in die Münchberger Straße. Nach ein paar Schritten bergauf sehen wir bereits den Kirchturm von St. Johannis (ev.-luth.), der uns sicher bis zum rechts darüberliegenden **Gemeindehaus** – und somit zum Pilgerbett – leitet. Wer in Helmbrechts wieder in den Zug steigen will, der erreicht den Bahnhof von der Höhe der Münchberger Straße über die Bahnhofstraße.

Tipp:
Wer morgens mit der Bahn anreist und sich den Spaziergang durch Hof sparen will, der kann die Bahnhofstraße nach links

Idyllische Ausblicke im Hofer Land machen Lust, einfach loszuwandern – und das zu (fast) jeder Jahreszeit.

hinunterlaufen, beim Kurt-Schuhmacher-Platz erneut links durch die Bahnunterführung gehen und findet sich, wenn er sich rechts hält, auf der Ossecker Straße wieder, die – an zwei Einkaufsmärkten vorbei – aus der Stadt hinaus und auf den Pilgerweg führt.

Oder man überquert nach der Ankunft die Bahnhofstraße und wendet sich nach links, wo die Königstraße in die Innenstadt hinunterführt. *Bäckerei Pültz* und *Eiscafé Florida* bieten noch Proviant und Stärkung, ehe man sich links hält und an der Lorenzkirche vorbei zum Busbahnhof gelangt.

Das gibt's zu sehen

Der **Bahnhof Hof** (1880) war einst der Verbindungspunkt der »Königlich Bayerischen« und der »Königlich Sächsischen Staatseisenbahnen«. Ein wenig von seiner früheren Bedeutung erahnt man, wenn man in der Bahnhofshalle nach oben blickt und die prunkvolle Decke der Empfangshalle, des Königssaals, betrachtet.

Am unteren Ende der Königsstraße wenden wir uns nach links und gelangen zur Kirche **St. Lorenz** (vermutlich 1080 erbaut, erste urkundliche Erwähnung 1214). Früher außerhalb der Stadtmauer gelegen, erlebte die Mutterkirche der Region eine bewegte Geschichte von Zerstörung und Wiederaufbau. Heute präsentiert sie sich im klassizistischen Gewand der letzten Renovierung von 1822. Der Hertnid-von-Stein-Altar (um 1480), ein spätgotischer fränkischer Flügelaltar, gilt als bedeutendes Kunstwerk im Innenraum der Kirche.

Von St. Lorenz geht es aufwärts durch die Fußgängerzone. Wir passieren die **Marienkirche**, die in den Jahren 1864–1867 für die wachsende katholische Bevölkerung erbaut wurde. Sie beherbergt eine bedeutende Orgel von 1885 – ein einzigartiges Instrument der deutschen Romantik.

Auf unserem Spaziergang begegnen wir höchstwahrscheinlich auch einem Hofer Aushängeschild: einem **»Wärschtlamo«** (oberfränkisch für »Würstchenmann«). Die mobilen Verkäufer mit ihren traditionellen Bauchläden prägen seit 1871 das Bild der Stadt. Überhaupt hat das Metzgerhandwerk in Hof eine lange, erfolgreiche Geschichte. Eine besondere Spezialität sollte man sich vielleicht nicht entgehen lassen: die »Hofer Rindfleischwurst«, eine über Buchenholz kalt geräucherte, fettarme Wurst. Das Produkt wurde erst vor einigen Jahren in das europäische Register regionaltypischer Spezialitäten aufgenommen.

Gehen wir nach dem »Oberen Tor« weiter, die Ludwigstraße entlang, sehen wir rechter Hand die **Michaeliskirche** (als Kapelle um 1230 errichtet, im 16. Jahrhundert erweitert) mit der Heidenreich-Orgel. Deren außerordentlich schönen Klang schätzen auch die »Hofer Symphoniker«. Regelmäßig werden hier Konzerte mit internationalen Künstlern veranstaltet.

Links sehen wir das prachtvolle **Rathaus**, das ursprünglich ab 1563 von Nikolaus Hofmann errichtet wurde – einem der bedeutendsten Baumeister seiner Zeit, der unter anderem auch für das Rathaus in Schweinfurt verantwortlich zeichnete. Wegen mehreren Stadtbränden teilweise erneuert, vereint es zahlreiche Baustile. Bei der Tourist-Information nebenan erhält man den Schlüssel für den **Rathausturm** und kann – nach Überwinden der 152 Stufen – die herrliche Aussicht genießen.

Wo die Ludwigstraße ins »Untere Tor« übergeht, gelangen wir links zur Hospitalkirche und zum **»Museum Bayerisches Vogtland«**. Die **Hospitalkirche**, das »Schatzkästlein« Hofs, ist die zweitälteste Kirche der Stadt (ursprünglich 13. Jahrhundert). Die barocke Ausstattung, die prachtvolle Kassettendecke mit 90 Bildtafeln (1688/89) und der spätgotische Marienaltar lohnen unbedingt einen Besuch. Das Museum zu Regionalhistorie sowie zu Volks- und Naturkunde zeigt vor allem eine bemerkenswerte Ausstellung über die Geschichte von Flucht und Vertreibung. Nach dem Zweiten Weltkrieg war Hof nämlich eine bedeutende Anlaufstelle für Heimatvertriebene aus den gesamten Ostgebieten.

Überqueren wir am »Unteren Tor« die Saale und halten uns dann rechts, kommen wir zum **Bürgerpark Theresienstein**. Im Jahr 1819 angelegt, wurde die Anlage stetig verschönert. 1994 beherbergte sie die Landesgartenschau, 2003 wurde ihr der Titel »Schönster Park Deutschlands« verliehen. Hier kann man spazieren gehen, ausspannen und vom Pavillon auf der Thomashöhe aus die Aussicht genießen.

Übrigens: Beim Klosterhof des ehemaligen Klarissenklosters (Klostertor 2) gibt es eine neue Pilgerherberge mit sechs bis sieben Schlafplätzen. Den Schlüssel erhalten Sie im benachbarten Alten- und Pflegeheim (Pilgerausweis erforderlich).

Am Ende unserer Tagesetappe können wir in der **Johannis-**

kirche (1847–1850) in **Helmbrechts** noch einmal Ruhe finden. Nur zwei Kunstwerke sind bei der Zerstörung der Ursprungskirche im Jahr 1508 gerettet worden: ein Kruzifix (über der Sakristeitür) und eine Petrusfigur. Bemerkenswert ist die als Sternenhimmel gestaltete Kassettendecke über dem Chorraum.

Ungefähr auf Höhe der Johanniskirche führt von der Schulstraße ein Weg auf den bewaldeten **Kirchberg**. Folgt man dem dortigen Rundweg, gelangt man zum **Aussichtsturm** Helmbrechts. Erstmals 1498 erbaut, 1895 wiedererrichtet und 1994 saniert, bietet er mit 22 Metern Höhe einen weiten Ausblick über die Stadt und das Umland. Den Schlüssel erhält man in der benachbarten Gaststätte.

In Helmbrechts gibt es außerdem ein **Textilmuseum** mit Handweberstube, das anschaulich über die Entwicklung von Handweberei, mechanischer Weberei und Textilindustrie in der Region informiert.

Der Wartturm auf dem Kirchberg war im Mittelalter Teil eines ausgeklügelten Verteidigungssystems. Heute genießen wir einfach die Aussicht.

Ausgewählte Adressen und Öffnungszeiten

Hof

Tourist-Information Hof, Ludwigstr. 24 (am Rathaus), 95028 Hof
Tel. 0 92 81/8 15 77 77, www.stadt-hof.de
Mo–Fr 10.00–17.00, Sa 10.00–13.00

Hospitalkirche Hof, Unteres Tor 9, 95028 Hof
Tel. 0 92 81/28 68, www.hospitalkirche-hof.de
Mo 9.00–11.00, Di–Do 9.00–12.00 u. 13.30–16.00, Fr 9.00–12.00
beim Pfarramt links neben der Kirche klingeln

Museum Bayerisches Vogtland, Sigmundsgraben 6, 95028 Hof
Tel. 0 92 81/8 15 27 00, www.hof.de (> Tourismus)
Di–Fr 10.00–16.00, Sa u. So 13.00–18.00, Fei (außer Mo) 13.00–18.00

Helmbrechts

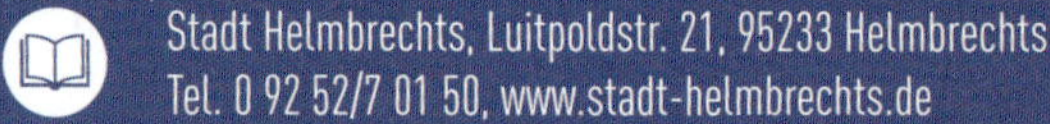

Stadt Helmbrechts, Luitpoldstr. 21, 95233 Helmbrechts
Tel. 0 92 52/7 01 50, www.stadt-helmbrechts.de

Johanniskirche Helmbrechts
Mo–Fr 8.00–12.00 oder nach Vereinbarung
Kirchenschlüssel erhältlich im Pfarramt, Münchberger Str. 4 (ca. 100 m von der Kirche, gleich unterhalb der Sparkasse), Tel. 0 92 52/9 92 20

Oberfränkisches Textilmuseum Helmbrechts
Münchberger Str. 17 (im Stadtzentrum), 95233 Helmbrechts
Tel. 0 92 52/9 24 30, www.textilmuseum.de
März–Nov Di–Fr 10.00–12.00 u. 14.00–16.00, Sa, So u. Fei 10.00–16.00
Dez–Feb Sa, So u. Fei 10.00–16.00
Gruppen nach Anmeldung auch außerhalb der Öffnungszeiten

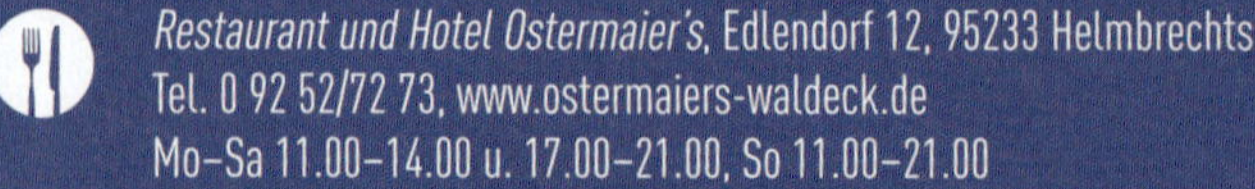

Restaurant und Hotel Ostermaier's, Edlendorf 12, 95233 Helmbrechts
Tel. 0 92 52/72 73, www.ostermaiers-waldeck.de
Mo–Sa 11.00–14.00 u. 17.00–21.00, So 11.00–21.00

Gasthof Roßner, Hofer Str. 35, 95233 Helmbrechts
Tel. 0 92 52/51 16, www.gasthof-rossner.de, Mo Ruhetag

Im Gemeindehaus in Helmbrechts oberhalb der Johanniskirche gibt es eine einfache und günstige Pilgerunterkunft.

Gästehaus Zeh, Wiesenweg 25, 95233 Helmbrechts
Tel. 0 92 52/52 76, www.stadt-helmbrechts.de (> Freizeit & Tourismus)
Zimmerpreise auf Anfrage

Rückfahrt zum Ausgangspunkt

Vom Bahnhof Helmbrechts mit dem Zug (AG, RE) über Münchberg nach Hof Hbf. oder unter der Woche (und bis 18.00) mit Buslinie 6360 direkt nach Hof

2 Traumhafte Ausblicke im Frankenwald

Helmbrechts–Marktschorgast (23 km)

Das liegt vor uns

Von Helmbrechts wandern wir die meiste Zeit auf idyllischen Wegen über die Höhen des Frankenwaldes. Wir ersteigen morgens den höchsten Punkt der gesamten Strecke zwischen Hof und Nürnberg, besuchen die Wallfahrtsbasilika Marienweiher und erreichen schließlich den schmucken Ort Marktschorgast.
Bis Rappetenreuth wird die Pilgermuschel von den zwei senkrechten, blauen Strichen des »Steinachtal-Weges« begleitet. Ab Marktleugast folgen wir dem »Galgen-Weg« (»KU 73«), bis zur Basilika in Marienweiher dem Wallfahrtsweg (»KU 71/72«), ab Gundlitz dem »KU 14«.

Hier geht's lang

In **Helmbrechts** wenden wir uns unterhalb der **Johanniskirche** nach Süden und verlassen die Stadt über die Luitpoldstraße und die Kulmbacher Straße. Im Bioladen in der Pressecker Straße, die unseren Weg kreuzt, können wir uns noch rasch mit dem nötigen Proviant für die Wanderung versorgen. Im Ortsteil **Unterweißenbach** am Stadtrand biegt der Weg rechts ab (»Am Weißenbach«), gleich darauf halten wir uns links und passieren ein kleines Gehöft. Es geht hoch in den Wald. Bald folgen wir zauberhaften Waldwegen, die von Heidelbeersträuchern gesäumt sind, bald auch breiteren Wegen. Treten wir aus dem Wald, belohnt uns der Ausblick auf die Wiesen und sanften Hügel. Die Landstraße kreuzt unseren Weg, wir folgen ihr nach links. Nach etwa 200 Metern, kurz vor dem Bach, geht es rechts wieder in den Wald. Das ist – trotz fehlender Markierung an dieser Stelle – unser Weg. Gleich danach finden wir aber die »Steinachtal-Weg«-Markierung wieder.

Ein Hinweisschild führt uns zur 50 Meter links vom Weg gelegenen **Selbitzquelle**. Hier kann man die Füße ins Wasser tauchen und sich auf einer schönen Bank ausruhen. Danach geht es auf breiten Wegen aufwärts, bis wir plötzlich die Höhe des Reusenbergs erreicht haben. Wir finden uns in 698 Metern Höhe am Waldsportheim auf einem großen asphaltierten Platz wieder, den wir schnell überqueren, um auf der anderen Seite links zurück ins Grün zu gelangen. Auf schönen, gut markierten Waldpfaden (Muschelmarkierung folgen – nicht »Engweg«!) geht es wieder bergab bis zur »Schutzhütte Eng«. Malerisch an einem Teich gelegen, umgeben von schlanken Birken und kleinen Gehölzen, lädt sie zu einer längeren Rast ein.

Von hier ist es auch nicht mehr weit bis **Rappetenreuth**, das nur aus einer Handvoll Häusern besteht. Die geteerte Straße führt uns aufwärts bis zur Landstraße. Wir wenden uns nach links und folgen ihr etwa zwei Kilometer bis nach **Hohenberg**. Von der Hauptstraße im Ort führt rechts der »Galgen-Weg« (»KU 73«) auf einen breiten, sonnigen Flurweg und endlich auf einen kühleren Schotterweg am Waldrand entlang. Auf halber Strecke etwa gibt es eine Bank mit schöner Aussicht über die abfallenden Felder. Wir erreichen **Marktleugast** und folgen der Markierung ganz in den Ort hinein. Hier geht es die Marktstraße bergab, vorbei an Bäckereien und kleineren Rastmöglichkeiten. Unten angekommen überqueren wir die große Kreuzung, halten uns links und finden den ersten Wegweiser des Wallfahrtweges. Nach kurzem Marsch durchs Wohngebiet treffen wir auf eine bequeme Rad-

und Wanderstrecke nach **Marienweiher**, die uns an einer winzigen Kapelle und einer einladenden Bank im Schatten vorbeiführt.

Die Basilika in Marienweiher ist auf jeden Fall einen Besuch wert. Beim Verlassen der Kirche gehen wir rechts um den Rokokobau herum, am Friedhof vorbei und dann rechter Hand die Teerstraße hinunter, die zum Weiher führt.

Kurz geht es durch den Wald, dann ersteigen wir auf einer einsamen, schattenlosen Straße die Höhe zum Flecken **Filshof**. Hier säumt eine kleine Kapelle mit Jakobusfigur den Weg. Die Straße führt dann bald wieder nach rechts zwischen die Bäume, und die idyllische Strecke nach **Gundlitz** liegt vor uns. Im Ort geht es immer geradeaus nach Südosten. Eine Straße führt durch die hügeligen Wiesen.

Nachdem wir eine Schranke passiert haben, gelangen wir auf dem breiten, befestigten Waldweg bis zum Etappenziel. Immer

Ein Flurkreuz am Wegrand erinnert uns an die Zeitlosigkeit des Jakobsweges. Unzähligen Pilgern vor uns hat es schon als Wegweiser gedient.

wieder gibt der Weg auf der Höhe den Blick in die unberührten Wiesengründe darunter frei; auf halber Strecke gibt es einen kleinen Unterstand.

Beim Erreichen der Landstraße wenden wir uns nach links in Richtung **Marktschorgast**. Wir folgen der Straße weit in den Ort hinein, halten uns dann rechts und erreichen die Jakobuskirche. Von ihr führt in östlicher Richtung auch der »Jakobusweg Fichtelgebirge« nach Weißenstadt! Die Markierung ist eine Muschel mit Punkt. Der folgen wir aber nicht, sondern nehmen den letzten kleinen Anstieg in die Innenstadt hinauf.

Der Bahnhof mit dem **Informationszentrum »Schiefe Ebene«** liegt ganz oben (links halten). Dazwischen erwarten uns aber zum Glück ein Gasthaus und diverse andere Einkehrmöglichkeiten.

Das gibt's zu sehen

Auf der vorgeschlagenen Route erreichen wir am frühen Nachmittag die **Basilika Marienweiher**. Sie ist eine der ältesten Marienwallfahrtskirchen Deutschlands. Erstmals 1189 erwähnt, ist das Gotteshaus seit dem 15. Jahrhundert ein bedeutender Wallfahrtsort. Die heutige Kirche (1718–1720) ist ein lichtdurchfluteter Bau mit reicher Stuckdecke und Gnadenbild auf dem klassizistischen Hochaltar (um 1500).

Die kleine Stadt **Marktschorgast** begrüßt uns am Ende der Etappe mit ihrem schmucken **Marktplatz**. Aufgrund vieler Brände (15. Jahrhundert) ist wenig von der alten Bausubstanz des Ortes erhalten, aber die renovierten Fassaden aus dem Spätbiedermeier bilden ein harmonisches Ensemble. Sie stehen unter Denkmalschutz. Im Rathaus kann man den historischen Wappenstein besichtigen, ein Relikt aus der Zeit, als hier noch das alte Verwaltungsgebäude stand und die Stadt unter der Herrschaft des Bistums Bamberg stand.

Dem aufmerksamen Spaziergänger begegnen im Ort mehrere verzierte Steinsäulen: die **Martersäulen** aus der Zeit nach der Reformation, Zeichen des damals neu aufkeimenden katholischen Selbstbewusstseins. Die Marterl finden wir unter anderem in der Bahnhofstraße beim Schulgebäude, an der Ziegenburger Straße und im Kirchhof der Pfarrkirche.

Die spätgotische Pfarrkirche **St. Jakobus** wurde als Wehrkirche errichtet. Davon zeugt auch der Stöckleinsteich (heute mit

Die Basilika Marienweiher war im 18. Jahrhundert die reichste Kirchenanlage des Hochstifts Bamberg. 1993 verlieh ihr der Papst den Titel »basilica minor«.

kleinem Park), der zum Schutz mit dem Wasser des Schorgastbaches aufgestaut wurde. Vom ursprünglichen Bau der Kirche (1109) ist heute nur noch die spätmittelalterliche Wehrmauer mit dem Schneckenturm erhalten. Um 1500 wurde das Gotteshaus zu einer zweischiffigen Hallenkirche ausgebaut.

Stolz sind die Marktschorgaster auch auf ihren See. Der **Goldbergsee** ist ein idyllisches Naturfelsenbad mit Sanitäranlagen und Jugendzeltplatz. Um dorthin zu gelangen, biegen wir von der Bahnhofstraße in die Bernecker Straße ab und gehen am Ende des Gewerbegebietes an der Wegkreuzung nach links. Schon bald sehen wir das ersehnte Glitzern der Wasseroberfläche vor uns durch die Bäume schimmern.

Ausgewählte Adressen und Öffnungszeiten

Helmbrechts s. S. 24f.

Marktleugast

Pilgerbüro Marienweiher, Marienweiher 4, 95352 Marktleugast
Tel. 0 92 55/80 81 47
Mo, Di u. Do 8.00–12.00 u. 13.00–15.30, Fr 8.00–12.00

Marktschorgast

Markt Marktschorgast, Marktplatz 17, 95509 Marktschorgast
Tel. 0 92 27/9 43 00, www.marktschorgast.de

Goldbergsee: Badesaison von Christi Himmelfahrt (Mai) bis Ende Aug/Anfang Sep
Öffnungszeiten tägl. 9.30–19.00
Zeltplatz am Goldbergsee:
Gebühren (einschließlich Badegebühren): Jugendliche (14–17 Jahre) 4,00 € pro Tag/Übernachtung, Erwachsene 6,00 € pro Tag/Übernachtung
Anmeldung bei der Gemeindeverwaltung erwünscht (s. o.)

Gasthof Regina, Bahnhofstr. 20, 95509 Marktschorgast
Gaststätte: Öffnungszeiten telefonisch erfragen
Tel. 0 92 27/7 32 60, EZ (inkl. F) 40 €, DZ (inkl. F) 70 €

Landgasthof & Metzgerei Drei Kronen, Marktplatz 13/15, 95509 Marktschorgast
Gaststätte: Öffnungszeiten telefonisch erfragen
Tel. 0 92 27/70 61, EZ (inkl. F) 45 €, DZ (inkl. F) 65 €

Rückfahrt zum Ausgangspunkt

Vom Bahnhof Marktschorgast mit dem Zug (RE, AG) über Münchberg zum Bahnhof Helmbrechts

3 Auf den Spuren der bayerischen Könige

Marktschorgast–Bayreuth (24 km)

Das liegt vor uns

Von Marktschorgast geht es über den »Schiefe-Ebene-Lehrpfad« zur eindrucksvollen Autobahnkirche Himmelkron. Wir müssen zwar zwischen Lanzendorf und Ramsenthal die A 70 überqueren, sonst führt der Weg aber meist durch schöne Wälder und über idyllische Höhen.
Oberhalb von Bayreuth erreichen wir das Festspielhaus und gelangen über den Festspielpark in die Stadt.

Hier geht's lang

Wir treten in **Marktschorgast** aus dem **Bahnhofsgebäude**, wenden uns nach links und folgen der Bernecker Straße bis zur evangelischen Kirche. Über deren Vorplatz führt rechts ein kleiner Weg auf die Landstraße, der wir bergab folgen.

Hier sehen wir schon die erste Infotafel des »Schiefe-Ebene-Lehrpfades«, der ein Stück weit mit dem Jakobsweg zusammen verläuft (Markierung »SE« und schwarze Lokomotive).

Bald wechseln wir durch eine Unterführung auf die andere Seite der Schienen, wenden uns nach rechts und betreten die alte Straße nach Himmelkron (Wegweiser und Muschelmarkierung). Ihr folgen wir talabwärts, passieren eine kleine Schutzhütte und bleiben immer links der Schienen auf dem Waldweg.

Das Rauschen der A 9 wird stärker, aber noch erfreuen uns das Plätschern des Pulstbaches und das Zwitschern der Vögel.

Der Weg wird breiter, rechter Hand schimmern ein paar Fischteiche silbern durch die Birken, wir erreichen schließlich eine Teerstraße. Auf ihr geht es geradeaus weiter (Muschelmarkierung).

Der Wald liegt hinter uns, Felder breiten sich aus, eine Bank unter einem Obstbaum lädt zu einer kleinen Rast ein.

Nach einer Weile gelangen wir nach **Himmelkron**. Die Bundesstraße kreuzt unseren Weg, aber 50 Meter weiter links gibt es eine kleine Unterführung.

Immer geradeaus, über die Markgrafenstraße, wandern wir in den Ort hinein bis zum »Grampp-Haus«, dem evangelischen Gemeindehaus. Dort wenden wir uns nach links und gelangen über eine kleine Treppe zur Stiftskirche.

Wer die ehemalige Klosterkirche nicht besichtigen will, lässt sie rechter Hand liegen und folgt der Bernecker Straße stadtauswärts.

Jakobsweg und »Nortwaldweg« trennen sich noch im Ort, aber beide Wege führen nach Lanzendorf. Bleiben wir auf dem Pilgerweg (Muschelmarkierung) und der Bernecker Straße, kommen wir nach zehn Minuten zur Autobahnkirche. Im Inneren des Gotteshauses kann man sich kurz besinnen, ehe es weitergeht.

Rechts von der Kirche führt eine Straße abwärts durch eine Neubausiedlung. Unten angekommen wenden wir uns nach links, nach einer Weile teilt sich die Straße, aber da sehen wir schon den Kirchturm von **Lanzendorf**, halten uns rechts und erreichen den Ort.

Wir überqueren den weißen Main, der hier flach und friedlich dahinfließt, und treffen wieder auf das »N« des »Nortwaldweges«. Der führt links an der St.-Gallus-Kirche vorbei in Richtung

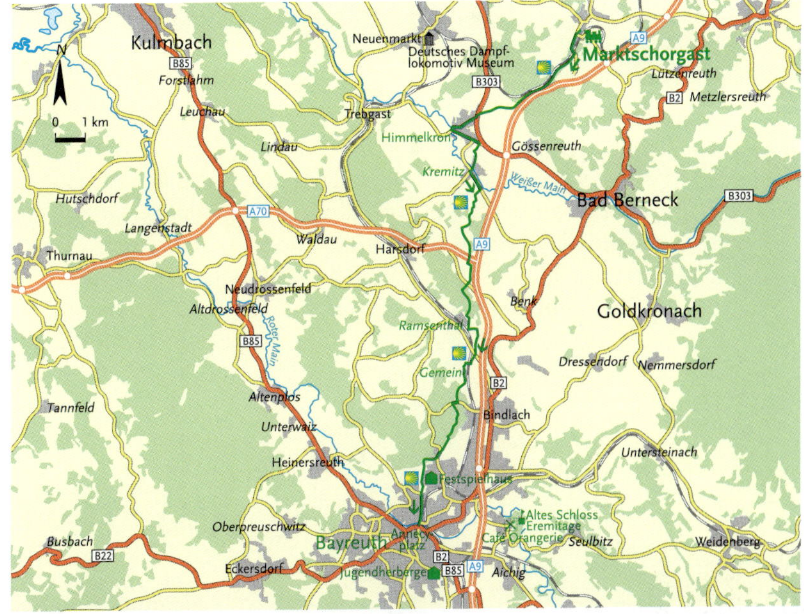

Himmelkron
Marktschorgast
Gössenreuth

Kremitz. Dort bietet eine Bank unter der Dorflinde – mit Blick auf stattliche Sandsteinbauten – eine gute Gelegenheit für eine Rast.

Wir folgen der Straße, bald geht es über die Birkenstraße stetig bergauf, und wir verlassen den Ort schon wieder. Der Ausblick wird immer schöner.

Kurz vor der Höhe geht es nach links auf einen Flurweg. Dort können wir bei einer Bank verschnaufen und die herrliche Aussicht genießen.

Das sollten wir auch tun, denn von hier führt der Weg rasch zurück in die Zivilisation. Es geht immer geradeaus. Nach etwa zehn Minuten passieren wir ein kleines Gehöft. Nun beginnt eine kurze ästhetische Durststrecke. Rechts spannt sich eine Brücke über die A70, nach deren Überquerung wir uns nach links wenden und ein Stück weit der lärmenden Autobahn folgen.

Die »Windkraftanlage Harsdorf-Altenreuth« ist nur für Technikbegeisterte einen kleinen Abstecher wert (Infotafel ca. 200 Meter rechts vom Weg), aber kurze Zeit später erwarten uns wieder schönere Gefilde. Wir biegen rechts ab in Richtung Südwesten und nehmen die Straße nach **Oberaltenreuth**, an einem Birnbaum vorbei. Erst im Ort geradeaus geht es dann in den zauberhaften und romantischen Wald (Heidelbeeren!).

Das blaue »N« leitet uns sicher über sich kreuzende Waldwege bis zum Wolkenbrunnen.

Wir überqueren das Bächlein, und weiter geht es auf immer enger werdenden Pfaden abwärts bis nach **Ramsenthal.** Am jenseitigen Ortsrand liegt ein idyllischer kleiner Spielplatz mit einem Denkmal für die Deutsche Einheit. Hier lässt es sich an Tischen und Bänken bequem rasten.

Von dort geht es links auf die Straße und noch vor dem Ortsausgangsschild wieder rechts auf einen Feldweg. Immer rechts halten und auf dem Weg bleiben! Beim Erreichen der Landstraße biegen wir links ab. Nach ein paar Schritten führt der »Nortwaldweg« nach rechts in Richtung **Crottendorf**.

Wir überqueren die Schienen und halten uns dann links – ein überdachter Biergarten und eine Käserei säumen unseren Weg.

Hinter dem Ortsschild wenden wir uns nach links und erreichen nach ein paar hundert Metern den Weiler **Gemein**. Wir verlassen die etwas triste Landschaft und folgen der Teerstraße aufwärts Richtung Wald. Bald lassen wir ein Gehöft links liegen und gelangen ins schattige Grün. Hier geht es gleich nach links.

Wir folgen dem schönen, lichten Waldweg bis zur großen T-Kreuzung und halten uns dann erneut links. (Weil hier die Markierung fehlt, steigen wir in Richtung Süden bis Südosten bergauf.)

Bald kreuzt die Straße unseren Weg, wir überqueren sie und finden das »N« wieder, das uns im Wald im Stich gelassen hat. Links liegt der Sportplatz. Hier sehen wir auch die Muschelmarkierung wieder, die uns links abwärts führt.

Durch einen lichten Wald – die Häuser einer Ortschaft schimmern von Westen hindurch – folgen wir immer abwärts dem breiten Weg. (Hier hängen vielleicht schon Nebelschwaden in den Tannen, die Farne wiegen sich leicht im Wind, wir sehen einen Ameisenhügel.)

Wir gelangen schließlich auf eine Teerstraße und bald an eine weitere T-Kreuzung. Hier nehmen wir die Landstraße nach links und passieren nach einem kleinen Anstieg das Ortsschild **»Bayreuth«**.

Rechts geht es hoch zum Krankenhaus »Hohe Warte«, dann am Eingangsgebäude vorbei und geradeaus über das Klinikgelände. Dort treffen wir auf einen Wirtschaftsweg, der uns durch den schönen Forst St. Georgen führt. Bald treffen wir auf einen weiteren Forstweg, wenden uns nach links und wandern abwärts.

Nach kurzer Zeit mündet der Wald in eine malerische Birkenallee. Uns erwartet ein Rastplatz mit schöner Aussicht über abfallende Wiesen am Gasthaus *Bürgerreuth*.

Wir laufen die Straße »An der Bürgerreuth« weiter hinunter und gelangen schnell in den relativ weitläufigen Park vor dem Festspielhaus. Auf dem Weg passieren wir eine öffentliche Toilette. Die Strahlen der Muschel weisen hier manchmal in die falsche Richtung, wir gehen stetig bergab.

Wenn sich die Straße teilt, eher links halten, auf der Bürgerreuther Straße weiter bis zum Hauptbahnhof und geradeaus hinab zum **Annecyplatz**, wo uns ein etwas unübersichtlicher Schilderwald erwartet.

Noch ein paar Meter weiter geradeaus, dann befinden wir uns mitten in der Stadt, wo uns Speis', Trank und Rast erwarten.

Tipp für Radfahrer:

Die Strecke zwischen Lanzendorf und Ramsenthal ist für Radfahrer teilweise nicht gut geeignet. Es wird empfohlen, ab Lanzendorf dem ausgeschilderten Radweg zu folgen – gerade wenn man nicht über ein geländegängiges Mountainbike verfügt.

Der Festspielpark Bayreuth – angelegt in den 1920er-Jahren – begrüßt uns am Ende der Etappe mit verspielter Pracht.

Das gibt's zu sehen

Die historische Bahnstrecke zwischen Neuenmarkt und Marktschorgast (1844–1848) gilt als technische Meisterleistung ihrer Zeit. Sie wurde unter König Ludwig I. erbaut. Das **»Informationszentrum Schiefe Ebene«** im **Bahnhof Marktschorgast** unterrichtet über die natürlichen, geologischen und eisenbahntechnischen Besonderheiten der Region Frankenwald.

Der **»Schiefe-Ebene-Lehrpfad«** (1991), der unseren Jakobsweg ein Stück weit begleitet, führt an beeindruckenden Bahnbauwerken entlang bis zur Talstation Neuenmarkt-Wirsberg. Die Infotafeln am Weg erklären anschaulich die Bedeutung der Anlage und deren technische Merkmale. Wer jetzt noch mehr wissen will, dem sei ein Besuch im **»Deutschen Dampflokomotiv Museum«** in Neuenmarkt empfohlen. Ein Highlight: Das Museum bietet zu ausgewählten Anlässen auch Sonderfahrten mit historischen Dampflokomotiven und Waggons an (Veranstaltungskalender und Öffnungszeiten auf der Internetseite, s. S. 39).

Auch wenn es kaum zu glauben ist: Ebenfalls sehenswert ist die **Autobahnkirche** in **Himmelkron**. Ursprünglich hieß der Ort »Pretzendorf« und ging vermutlich auf eine alte Siedlung der Wenden – eines slawischen Volksstamms – zurück. Im 13. Jahrhundert entstand durch eine Schenkung an den Zisterzienserorden ein Nonnenkloster, das den Namen »Himmelkron« erhielt, der sich ab dem 17. Jahrhundert schließlich auch als Ortsname durchsetzte.

Der Vorplatz der Kirche (1998) ist dem Labyrinth von Chartres nachempfunden. Zum Glück für uns handelt es sich dabei eher um die Andeutung eines Irrgartens, und wir gelangen ohne Umwege zum Christophorusbrunnen von Max Walter (2005) und in das Gotteshaus. Dessen Inneres ist hell und freundlich gestaltet. Durch die bunten Glasfenster fällt gedämpftes Licht. Es ist ruhig. Über der Sakristei gibt es einen Meditationsraum. Wer Stille und Einkehr sucht, wird sie in Himmelkron finden.

Ausgewählte Adressen und Öffnungszeiten

Marktschorgast s. S. 31

Neuenmarkt

Deutsches Dampflokomotiv Museum, Birkenstr. 5, 95339 Neuenmarkt
Tel. 0 92 27/57 00, www.dampflokmuseum.de

Himmelkron

Gemeinde Himmelkron, Klosterberg 9, 95502 Himmelkron
Tel. 0 92 27/93 10, www.himmelkron.de
Mo–Mi u. Fr 8.00–12.00, Do 8.00–12.00 u. 15.00–18.00

Bayreuth

Tourist-Information Bayreuth, Opernstr. 22, 95444 Bayreuth
Tel. 09 21/8 85 88, www.bayreuth.de

Informationszentrum Schiefe Ebene (im Bahnhof Marktschorgast)
Mai–Okt tägl. 9.00–17.00

Einkehrmöglichkeiten in Bayreuth s. S. 48

Jugendherberge, Universitätsstr. 28, 95447 Bayreuth, Tel. 09 21/76 43 80

Privatquartiere und ausführliche Pilgerinformationen über Pfarrer Michael Thein, Kirchenkreis Bayreuth, Tel. 01 71/7 89 22 77, www.michael-thein.de

Rückfahrt zum Ausgangspunkt

Vom Bayreuther Hbf mit dem Zug (RE) über Neuenmarkt-Wirsberg zum Bahnhof Marktschorgast

Be prepared! – Perfekt gerüstet 2

Hätte die Diskussion über meinen Equipmentfanatismus (s. S. 16) im Sommer stattgefunden, wäre wahrscheinlich alles anders gekommen. Vielleicht wären wir campen gefahren. An den Gardasee oder nach Istrien. Mit dem Auto natürlich, damit wir nicht alles schleppen müssten und unabhängig wären. Das ultraleichte Zelt hätten wir nicht mitgenommen, weil es für zwei doch etwas eng ist – Elisabeth hatte ja noch ihr altes Baumwolltipi, das hätte es auch getan. Ich hätte meinen Kocher getestet (»Edelrid Hexon«, funktioniert auch in 10 000 Metern Höhe!) – aber mit schlechtem Gewissen. Der verbrennt zwar alles, was auch Flugzeuge, Autos oder Raketen antreibt, faucht aber auch sehr laut. Das würde die Yetis auf dem Everest zwar nicht stören, aber unsere Zeltnachbarn hätten sich vielleicht beschwert.
(Ich hätte doch den »MSR Whisperlite« bestellen sollen, der ist zwar teurer, jedoch, wie der Name schon sagt, viel leiser! Und die Düse reinigt sich sogar selbst.)
Nur war es eben nicht im Sommer. Es war Februar, als Elisabeth so unsensibel war, mich mit meinem unglaublich fett gewordenen inneren Schweinehund zu konfrontieren.
»Okay«, jammerte ich. »Wir suchen uns einen geschützten Platz im Stadtwald, bauen das Zelt auf, kochen Tee und fahren danach wieder heim, ja?«
»Nein.«
»Wir könnten das Zelt bei meinen Eltern im Garten aufbauen und mit meinen beiden Nichten draußen schlafen, das wär' doch schön?«, schlug ich vor.
»Nein.«

Sie ging zu meiner Ausrüstungstruhe, riss den Deckel herunter und begann, den Inhalt im Wohnzimmer auf dem Teppich auszubreiten:

- Isomatte (daunengefüllt! R-Wert 4 – schlagen Sie's nach, wenn Ihnen das nichts sagt! MIT Handpumpe, weil die Daunen keine Atemluft vertragen, sie gefrieren sonst = R-Wert 0).

- Tarp (teure Plane, die als Zelt verkauft wird. Kein Boden. Innen mit Reflektorbeschichtung – reflektiert die Wärme eines Lagerfeuers, das man in Deutschland nicht anzünden darf, außer im Garten, aber dann kann man auch drinnen schlafen).

- Feuerstahl (funktioniert immer, wenn man trockenen Zunder hat. Man könnte auch ein Feuerzeug oder Streichhölzer benutzen, geht schneller. Können aber versagen oder nass werden. Aber das kann der Zunder auch. Entscheidungshilfe: Probieren Sie mal, sich eine Zigarette mit einem Feuerstahl anzuzünden).

»Was ist das denn?«, fragte Elisabeth und hielt eine Art Gurt in die Höhe.
»Ein Überlebensgürtel, nichts Besonderes«, sagte ich schnell. (»TYBELT«, Spezialschlinge, 69 Euro, 2 200 kg Traglast – hab ich zugenommen?)
»Und warum hast du drei Töpfe?«, verhörte sie mich weiter.
»Edelstahl (unverwüstlich, hygienisch einwandfrei, lagerfeuertauglich – aber zu schwer zum Mitnehmen), Alu (leicht, günstig, aber krebserregend) und eben Titan (superleicht und stabil, aber zu teuer, als dass man ihn wirklich mit nach draußen nehmen würde.)«
»Was ist das? Kann ich das wegwerfen?«, rief sie nun.
»Nein!«, schrie ich und stellte mich ihr in den Weg.
»Das ist eine Zahnbürste ohne Griff!«, keuchte sie und kämpfte sich den Weg zum Mülleimer frei.
»Den hab ich abgesägt, das spart 17 Gramm im Rucksack«, rief ich.
Sie hielt inne: »Benutzt du deine elektrische nicht mehr?«
»Doch, aber nur im Haus.«

4 Sonnentempel und Bodenmühlwand

Bayreuth–Creußen (20 km)

Das liegt vor uns

Die Etappe beginnt mit einem Stadtrundgang durch Bayreuth. Rasch gelangen wir danach über die Flussauen in den dörflichen Stadtteil St. Johannis, besichtigen eine spätbarocke Markgrafenkirche, deren Ursprünge bis in 12. Jahrhundert zurückreichen, spazieren durch den Schlosspark der Eremitage mit dem prachtvollen Sonnentempel und wandern über Aichig hinaus in die Wälder.
Durch den Bühlholz und den Forst Thiergarten führt unser Weg immer am Roten Main entlang bis in den hübschen Ort Creußen.
Tipp: Wer nur eine Tagestour plant, kann (beispielsweise vom Hauptbahnhof) mit Buslinie 322 bis zur Haltestelle »Eremitage« oder nach »St. Johannis« hinausfahren und gelangt so schneller ins Grüne.

Hier geht's lang

Vom **Bahnhof Bayreuth** führt die Straße (nach links) bergab zum Annecyplatz. Wer den markierten Jakobsweg durch die Stadt nehmen will, geht hier geradeaus weiter bis zur evangelischen Stadtkirche Heilige Dreifaltigkeit, dann über Friedrichstraße, Jean-Paul-Platz und Ludwigstraße vorbei am Neuen Schloss; über Sternplatz, Opernstraße, Wölfelstraße, Josephsplatz, Albrecht-Dürer-Straße bis zum »Rotmainweg«, dem wir an diesem Tag folgen (Markierung »rotes M« auf weißem Grund).

Wer sich den Weg durch die Stadt sparen will, wendet sich gleich am Annecyplatz wieder nach links und erreicht bald den Fluss. An seinem linken Ufer wandern wir stadtauswärts (Muschelmarkierung und »rotes M« des »Rotmainweges«). Bei der **Hölzleinsmühle** angelangt, geht es unter der Autobahn hindurch in die Flussauen.

Hier schlängelt sich der Weg gut ausgeschildert durch das Rotmaintal mit seinen Wiesen und Gehölzen.

Wir überqueren eine kleine Brücke und gelangen über die Steinachstraße nach **St. Johannis** und zur Pfarrkirche. (Im Gemeindehaus gibt es Toiletten, das Gelände um den Bau ist schön und eignet sich gut für eine Rast.)

Wir lassen die Kirche links liegen, nehmen den rechten Weg (Wegweiser zur Eremitage) und steigen über ein Treppchen den »Sachsenberg« hinauf.

An der Eremitage angekommen, geht es nach links, die Allee entlang; wir passieren auf dem Weg den kleinen chinesischen Pavillon und gelangen zum Sonnentempel.

Hier begegnen wir wieder unserer Markierung, die uns rechts durch den Laubengang führt.

Unterhalb des Parks geht es nach links in das Örtchen **Eremitenhof**. Bei der gleichnamigen Gaststätte folgen wir rechts der Wunaustraße hinunter.

Nachdem wir die Ortschaft hinter uns gelassen haben, treffen wir auf die Kemnather Straße. Wir überqueren sie, halten uns links und kommen nach ein paar hundert Metern in die Frankenwaldstraße. Sie leitet uns bergauf an der evangelischen Kirche St. Magdalenen vorbei. Bald geht es rechts in die Steinwaldstraße, die uns kurz darauf auf die Höhe am Ortsende führt.

Von dort wandern wir über freies Feld, dann am Waldrand entlang, am Häuschen rechts in den Wald und den Pfad bergab.

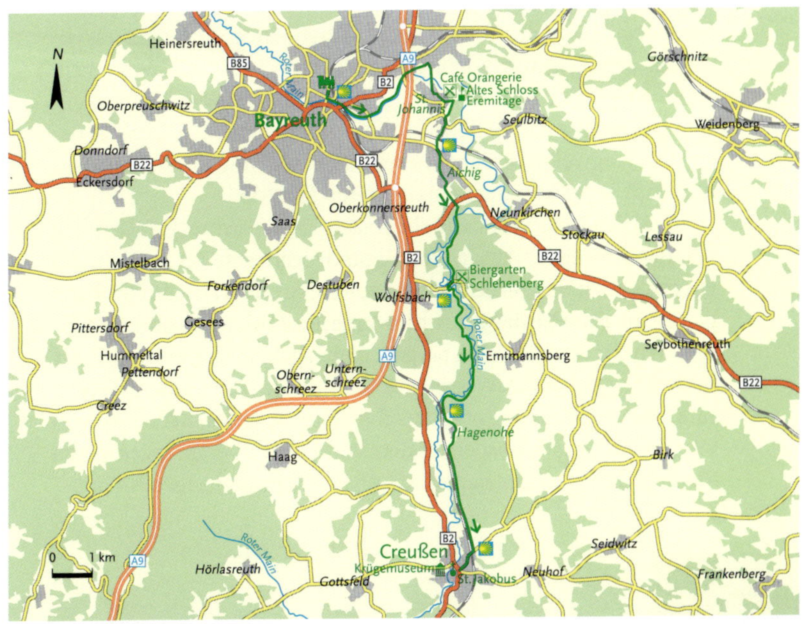

Der Sonnentempel ist nur eine der beeindruckenden Sehenswürdigkeiten der Eremitage Bayreuth.

Wir verlassen den Wald nur kurz und nehmen die Unterführung der Bundesstraße 22, um gleich darauf wieder in den Schatten der Fichten zu treten. Dort geht es nach ein paar Schritten rechts bergab. Ein wilder Weg voller umgestürzter Bäume leitet uns ins Tal hinab und über eine Holzbrücke.

Nach dem »Schafssteg« erreichen wir bald einen größeren Forstweg. Hier geht es nach rechts. Nach einer Viertelstunde gelangen wir an eine Kreuzung. Hier haben wir die Möglichkeit, einen Abstecher nach rechts zur **»Bodenmühlwand«** – einer Steilwand in einer engen Mainschleife – zu machen.

Der Wegweiser ist entwurzelt, aber wir folgen einfach dem Flusslauf bergab zu dem einzigartigen Geotop.

Wer die »Rote Wand« nicht besichtigen möchte, geht einfach geradeaus weiter. Auf breiten Forstwegen geht es fortlaufend bergab durch den Wald, bis wir auf die Straße treffen. Der Biergarten in **Schlehenberg** lädt hier zum Rasten ein. Nachher nehmen wir die Straße rechts bergab, gleich geht es daraufhin wieder nach links auf einen Wiesenweg. Wir überqueren einen Gewässerarm (Wegweiser »Forsthaus Kamerun«), gehen nach links am Wasser entlang, kommen in den Wald und überspringen einen kleinen Zufluss. Hier halten wir uns rechts und steigen hinauf.

Oben führt uns ein breiterer Weg links weiter. An der großen Kreuzung der Waldwege gehen wir links.

Eine Weile geht es über breite Wege, bis eine gute Markierung links zwischen die Bäume weist. Auf einer kleinen Stahlbrücke überqueren wir erneut den Main und wenden uns gleich nach rechts.

Nach einer schönen Strecke über verschlungene Pfade im Tal gelangen wir wieder auf breitere Forstwege und wenden uns nach rechts, immer am Wasser entlang. Wir kommen auf die Höhe und aus dem Wald hinaus, schließlich auf eine Teerstraße und in den Ortsteil **Hagenohe**, den wir umrunden.

Beim weißen Bushäuschen geht es rechts ab, durch die Durchfahrt einer Scheune (!) und dann gleich wieder links über die Wiesen in Richtung Wald, wo wir zurück auf die Straße kommen. Von hier wandern wir weiter rechts abwärts, und noch vor den Schienen links in den Wald. Der Weg führt immer in der Nähe der Bahnstrecke entlang durch den Wald, überquert einen Bach und teilt sich schließlich. Wir nehmen den rechten, unteren.

Bei der Hauptstraße geht es nach rechts, wir überqueren die Schienen und haben das Etappenziel **Creußen** erreicht. Wir wandern bergab in den Ort hinein, dann über die Bahnhofstraße in Richtung der Kirche, überqueren die Bayreuther Straße und nehmen die gepflasterte Straße. Dort führt ein Treppchen hinauf zur Kirche **St. Jakobus**. In Creußen gibt es Gasthäuser, Übernachtungsmöglichkeiten, DB-Anschluss und Einkaufsmöglichkeiten.

Das gibt's zu sehen

Die Stadt **Bayreuth** ist stark geprägt von der Markgräfin Wilhelmine von Preußen (1709–1758). Ein besonderes Schmuckstück ist das **Opernhaus** (1744–1748) der Festspielstadt. Es gilt als eines der schönsten Barocktheater Europas. Wegen Renovierungsarbeiten, die mindestens noch bis 2018 andauern, muss der Besucher allerdings mit einer Ausstellung vorliebnehmen, die das Baudenkmal und die Erneuerungsarbeiten in 3-D veranschaulicht. Einen Blick in die Baustelle kann man trotzdem werfen.

Die Stadt wartet noch mit zahlreichen anderen Sehenswürdigkeiten auf; genügend Material finden Wanderer, die einen längeren Aufenthalt planen, in der Tourist-Information.

Dem Muschelsymbol begegnen wir auf dem Weg immer wieder in den unterschiedlichsten Formen: hier als Taufbecken in der Pfarrkirche St. Johannis.

Empfehlenswert ist ein Besuch der **Pfarrkirche** in **St. Johannis**, einem dörflichen Ortsteil von Bayreuth. Ursprünglich stand auf der Höhe nur eine Kapelle, später eine gotische Kirche. 1745 erhielt der Bau seine barocke Gestalt. Die gotischen Wandmalereien von 1430 sowie ein muschelförmiges Taufbecken lohnen einen Besuch. Hier können wir nach Verlassen der lärmenden Stadt noch einmal innehalten und Kraft tanken.

Kurz darauf gelangen wir über den Schneckenhügel mit der Pagode zur Orangerie mit dem märchenhaften Sonnentempel – beide Teil der **Eremitage**. Wer Zeit hat, dem sei die Besichtigung der Anfang des 18. Jahrhunderts entstandenen historischen Parkanlage ans Herz gelegt. Sie beherbergt das »**Alte Schloss**«, das ab 1735 von Markgräfin Wilhelmine zu einem prunkvollen Sommerschloss ausgebaut wurde. Das Japanische Kabinett, das Musikzimmer und das Chinesische Spiegelkabinett sind besonders sehenswert. Oder man gönnt sich in der **Orangerie** einfach nur entspannt einen Kaffee.

Für geologisch Interessierte: Ein Besuch bei der »**Bodenmühlwand**« – ein 20 Meter hoher Steilhang – vermittelt Einblick in die erdgeschichtliche Entwicklung der Region. Am idyllischen Ufer lässt es sich auch gemütlich picknicken. Wer mit dem Auto anfährt, parkt am besten am *Gasthaus Schlehenberg*.

In **Creußen**, unserem Etappenziel, informiert eine große Infotafel über den Jakobsweg. Das **»Krügemuseum«** zeigt bedeutende Exponate des berühmten Creußener Steinzeugs, das im 17. und 18. Jahrhundert seine Blütezeit erlebte. Aus besonderen Tonen wurde in der ostfränkischen Stadt hochwertige Töpferware bei besonders hohen Temperaturen gebrannt. Das Geheimnis der verzierten Krüge und Gefäße nahm der Legende nach der letzte Krugmacher von Creußen, Johannes Schmidt, 1789 mit ins Grab.

Empfehlenswert ist die Führung durch das Museum und die mittelalterlich geprägte Stadt (Achtung: Voranmeldung erforderlich!). Wer sich eine Stunde Zeit nimmt, erfährt nicht nur, warum das Creußener Steinzeug einst zum »guten Ton« gehörte, sondern besucht auch die Barockkirche **St. Jakobus** und den **Hungerturm**, spaziert entlang der vollständig erhaltenen **Stadtmauer** und steigt sogar in die Creußener **Felsenkeller** hinab, um schließlich das **Eremitenhäuschen** (1760) zu bestaunen, die wohl einzige erhaltene bürgerliche Eremitage Deutschlands.

Ausgewählte Adressen und Öffnungszeiten

Bayreuth (s. auch S. 39)

Eremitage Park und Altes Schloss, Eremitage 4, 95448 Bayreuth
Tel. 09 21/7 59 69 37, www.schloesser.bayern.de (> Schlösser)
Apr–Sep tägl. 9.00–18.00, 1.–15. Okt tägl. 10.00–16.00
Altes Schloss ab 9.00–17.15 alle 45 Min. (im Okt ab 10.00)
Parkanlage ganzjährig geöffnet, Wasserspiele Mai–Okt

Café Orangerie, Eremitage 6, 95448 Bayreuth
Tel. 09 21/79 99 70, www.eremitage-bayreuth.de
Mai–Aug tägl. ab 10.00, Apr u. Sep Di–So ab 11.00

Gasthaus Biergarten Schlehenberg, Schlehenbergstr. 51, 95448 Bayreuth
Tel. 0 92 09/2 26, Mo–Mi u. Fr–So ab 9.30

Creußen

Stadt Creußen, Bahnhofstr. 11, 95473 Creußen
Tel. 0 92 70/98 90, www.stadt-creussen.de

Für die Führung in Creußen bitte anfragen bei:
Marianne Abel, Am Alten Rathaus 3, 95473 Creußen
Tel. 0 92 70/51 11 (privat), Tel. 0 92 70/58 05 (Museum)
Führungen von Ostern–31. Okt Sa 14.00 (ab Marktplatz oder nach Voranmeldung unter einer der angegebenen Nummern)

Krügemuseum der Stadt Creußen, Am Rennsteig 8, 95373 Creußen
Tel. 0 92 70/58 05, www.kruegemuseum.de
Ostern–31. Okt Mi, Sa u. So 10.00–12.00 u. 14.00–17.00
1. Nov–Ostern Sa 14.00–17.00, So 10.00–12.00 u. 14.00–17.00

Im Gärtlein – Gaststätte & Gästehaus, Im Gärtlein 1–3, 95473 Creußen
Tel. 0 92 70/6 50, www.im-gaertlein.de
Di–So ab 9.00 durchgehend warme Küche, Mo Ruhetag (außer für Hausgäste)
Zimmerpreise auf Anfrage

Rückfahrt zum Ausgangspunkt

Vom Bahnhof Creußen direkt mit dem Zug (RE) zum Bayreuther Hauptbahnhof

5 Über Höhen und Wiesen zum Tor der Fränkischen Schweiz

Creußen–Pegnitz (23,5 km)

Das liegt vor uns

Von dem beschaulichen Städtchen Creußen mit seiner vollständig erhaltenen Stadtmauer und dem »Krügemuseum« geht es über Wald und Feld zur Rotmainquelle, über mehrere Höhen mit schöner Aussicht und durch den Veldensteiner Forst schließlich nach Pegnitz.

Hier geht's lang

Wir beginnen die Tour mit einem Spaziergang durch die Altstadt **Creußens**– ein kleiner, aber sehenswerter Umweg:

Vom Creußener Kirchplatz **St. Jakobus** führt eine Treppe zum Marktplatz hinauf. Auf dem Platz spazieren wir abwärts und halten uns rechts. Wir gehen am alten Rathaus vorbei, dann die Habergasse entlang und zum »Hinteren Tor«, in dem sich das Krügemuseum befindet. Über den »Hinteren Torweg« gelangen wir hinunter zur Bundesstraße 2.

Wir wenden uns dort nach links, passieren auf der B2 den *Edeka*, überschreiten eine Mainbrücke und gehen dahinter erst links und gleich wieder rechts in die Straße »Am Hohen Weg«.

Wir folgen der Rechtskurve der Straße weiter hügelaufwärts. An der Volksschule angekommen, wenden wir uns nach links. Der Blick weitet sich wieder. Über einen Feldweg kommen wir zu einem breiteren Flurweg. Achtung: Hier fehlt die Markierung! Wir gehen nach rechts. Etwa 400 Meter weiter dann wieder links in Richtung Wald, daraufhin am Waldrand entlang und schließlich über feuchte Wege zu einem gepflasterten Flurweg. An seinem Ende nehmen wir die schmale Landstraße nach links – und kurz darauf rechts den geteerten Flurweg, der uns zum Flurbereinigungsdenkmal führt. Unter Bäumen bieten Bänke eine Rastmöglichkeit bei schöner Aussicht bis zum Ochsenkopf.

Nach einiger Zeit treffen wir auf eine Landstraße; wir gehen einfach weiter geradeaus, bis es nach 100 Metern rechts in den Wald hinein in Richtung **Rotmainquelle** geht. Kurz darauf treffen wir wiederum auf die Landstraße. Ein Tipp für Regentage: Wer die Tour abkürzen muss, kann einfach auf der Straße nach links bis nach **Hörlasreuth** weitergehen – obwohl sich die drei Kilometer über die Rotmainquelle natürlich lohnen!

Wir aber wenden uns nach rechts, machen ein paar Meter auf der Landstraße und biegen dann nach links in den Wald. Es geht auf bequemen Wegen durch den schönen Lindenhardter Forst. An der Kreuzung mit dem Jägersteig gehen wir geradeaus weiter und bald darauf nach links auf einen breiten Forstweg. Wir laufen ein Stück auf die Windkraftanlage zu, folgen dann einem Hinweisschild Richtung »Rotmainquelle« nach links und auf einen kleinen Waldpfad. Die Quelle mit der Hinweistafel eignet sich für eine Pause.

Ab hier folgt die Muschelmarkierung nicht mehr dem »Rotmainweg«, sondern dem blauen Querstrich des *Fränkische Schweiz Vereins.*

Nach dem Abstecher zur Quelle gelangen wir wieder auf den großen Forstweg und gehen weiter auf die Windkraftanlage zu. Dort angekommen, nehmen wir die breite Forststraße nach links, dann immer geradeaus.

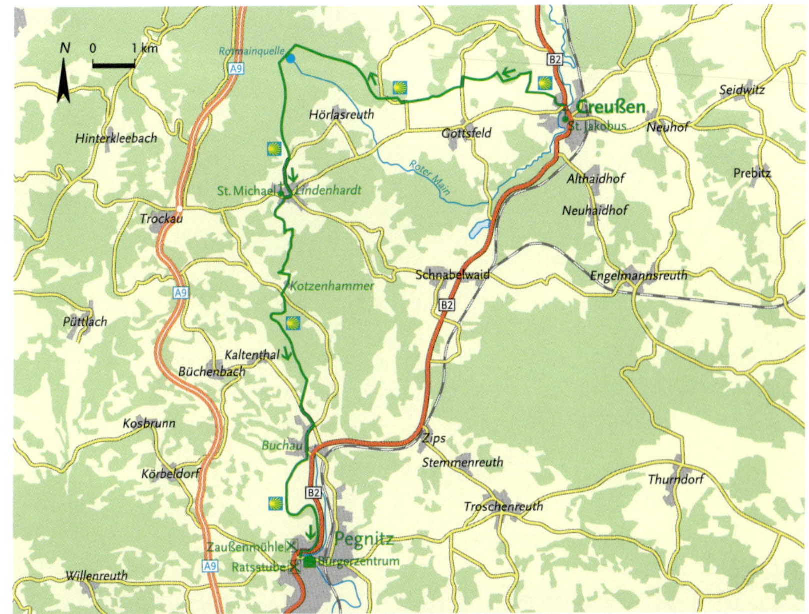

Aus der Waldstraße wird eine Landstraße. An Feldern und am Wald entlang kommen wir nach **Lindenhardt**, wo den müden Wanderer (oder Bierpilger) schon die *Brauerei Kürzdörfer* mit Biergarten erwartet.

Wir halten auf die Kirche zu, umrunden den Bau, gehen abwärts und verlassen auf einer Teerstraße den Ort. Die schlängelt sich an einem Birkenwäldchen entlang, schließlich zweigt unser Weg nach links ab. Bevor es wieder steil wird, biegt der Weg im Tal bei einer Ruhebank rechts ab und führt in den dunklen Wald hinein.

Der romantische Waldweg teilt sich bei einem Teich; wir nehmen den Arm, der links aufwärts führt. Beim Erreichen der hohen Eiche auf der kleinen Lichtung wenden wir uns nach links. Wir durchwandern einen wunderschönen Mischwald, wild und naturbelassen, mit gut begehbaren Wegen.

Die schattige Parkbank auf dem Kirchplatz vor St. Michael in Lindenhardt eignet sich hervorragend für die Mittagspause.

Ein Stück bergauf geht es bis zur Kreuzung. Wir wenden uns nach rechts und nehmen dann den Weg, der uns bergab und aus dem Wald führt.

Nach Verlassen des Waldes halten wir rechts auf die Mühle **Kotzenhammer** zu. Der Weg leitet uns durch das kleine Gehöft, wir spazieren eine Teerstraße entlang, an Fischteichen vorbei und bis zur Landstraße. Hier geht es nach links. Nach ein paar Metern auf der Straße führt ein Feldweg rechts hinauf.

Bei der Weggabelung wandern wir links auf einen unbefestigten Waldweg und dann gleich wieder rechts hinauf in den Wald. Nach einem kleinen Anstieg gehen wir nach rechts. Der breite Forstweg teilt sich abermals, diesmal gehen wir nach links.

Hier ist eine Wegkreuzung mit einem Grünflecken mit Bank und Gedenkstein. Nach 45 Minuten im Wald haben wir die Landstraße Trockau–Buchau erreicht. Hier geht es links bergab in den kleinen Ort **Lehm** mit dem »Brotlädla« der *Buchauer Holzofenbäckerei.*

Nachdem wir den Ort fast durchquert haben, biegen wir rechts ab, den Wegweisern folgend. Wir passieren das kleine Feuerwehrhäuschen mit Uhren- und Glockenturm. Hier sind ein Brunnen und zwei Bänke.

Hinter dem Feuerwehrhaus geht es gleich links den Talweg hinauf, dann gleich die Hofgasse entlang. Sie wird zu einem steilen Teerweg, der bis zur Höhe hinaufführt. Der etwas mühsame Anstieg wird durch einen schönen Ausblick auf Pegnitz belohnt.

Auf der Höhe kommen wir an einem Modellflugplatz mit überdachtem Rastplatz für Wanderer vorbei. Von dort aus geht es wieder abwärts, geradeaus den Flurweg hinunter.

Bei der Kreuzung nehmen wir den Weg, der nach oben führt – das ist der mittlere, ein löchriger Teer- und Schotterweg – die Stelle ist gut ausgeschildert. Nach ein paar Metern geht es nach links auf einen Waldweg und nach etwa 20 Minuten kommen wir auf einen weiteren Teerweg, der bergab führt, und sehen bereits die ersten Häuser des Etappenziels **Pegnitz**.

Beim Erreichen der B2 geht es ein Stück geradeaus weiter, dann beim hölzernen Wegweiser nach links in die Raumersgasse (kleine Straße bei der Firma *Georg Lang Sanitär- und Heizungsbau*).

Wir gelangen zum Wasser, bald kreuzt die Hauptstraße unseren Weg. Wer die Kirche **St. Bartholomäus** besichtigen will, in der Innenstadt einkehren möchte oder den Bahnhof sucht, um heimzufahren, der wendet sich hier nach links.

Für die anderen führt der Weg – vielleicht auch erst in aller Frische am nächsten Morgen – geradeaus weiter und rechts am Bürgerzentrum (hier gibt es eine öffentliche Toilette) vorbei. Auf schmaleren Wegen überqueren wir wiederum den Fluss und wenden uns beim Erreichen der Teerwege nach rechts. Wir überqueren die große Nürnberger Straße, nehmen die Heinrich-Bauer-Straße und verlassen Pegnitz auf diesem Weg.

Das gibt's zu sehen

Wem es nicht genügt, auf Schusters Rappen durch Wald und Wiesen zu schweifen, dem ist auf dieser Etappe einiges geboten. Zugegeben, vielleicht ist das Programm etwas dicht, aber das schaffen wir schon. Wir stehen früh auf, um pünktlich zur Kirchenführung (s. Infokasten!) in **Lindenhardt** anzukommen. Die Wehrkirche **St. Michael** beherbergt einen berühmten Schatz: den spätgotischen Flügelaltar von 1503. Matthias Grünewald, ein Zeitgenosse Albrecht Dürers, schuf dafür die ausdrucksstarken Tafelbilder. Die Statuen des Altars werden der Werkstatt Michael Wolgemuts zugerechnet, der bekanntlich ebenfalls ein Meister seines Faches war.

Das Etappenziel **Pegnitz** bietet viel zum Besichtigen und zum Erleben – vor allem in den warmen Jahreszeiten. Sehenswert sind das mittelalterliche **Rathaus** (1347), die Kirche **St. Bartholomäus** (1900) und die **Zaußenmühle** (1450 erbaut, 1710 wiedererrichtet). Letztere beherbergt ein beliebtes Gasthaus, dessen Flammkuchen man probieren sollte. Gleich dahinter finden wir eine Karstquelle, den **Ursprung der Pegnitz**, der einst das Mühlenrad angetrieben hat.

Wer jetzt noch keine müden Füße hat, kann den **Schloßberg** (544 m) – das Wahrzeichen der kleinen Stadt – und dann noch die 97 Stufen des Aussichtsturmes hinaufsteigen und den herrlichen Ausblick genießen. Bevor sie von den Nürnbergern im Zweiten Markgrafenkrieg (1553) zerstört wurde, stand hier die Burg Böheimstein. Wir aber finden (zum Glück) nur einen großen Biergarten mit circa 15 Biersorten vor.

Apropos Bier: Nach althergebrachter Tradition brauen die Pegnitzer Brauereien von April bis Juni das sogenannte **»Flin-**

dererbier«. Früher war das allgemeine Braurecht der Bürger während der Sommermonate beschränkt. Es wechselte von Woche zu Woche. Zum Zeichen für die Durstigen, wo gerade ausgeschenkt wurde, hängten die Brauer Büsche mit flatternden Bändern vors Haus: die Flinder. Heute beteiligen sich zahlreiche Gasthäuser am Flinderertreiben und bieten die flüssige Spezialität mit herzhaften fränkischen Brotzeiten an.

Wer sich aus geologischen Gründen eher für Flüssigkeiten im ursprünglichen Zustand interessiert, dem sei der Wasserlehrpfad ans Herz gelegt. Von der Zaußenmühle gelangen wir auf ihm zum **Karstwunder am Wasserberg**. Während die Pegnitz nur 15 Minuten benötigt, um den Berg in einer Schleife zu umströmen, sucht sich das Wasser des Mühlbachs durch das weitverzweigte Gangsystem einer Ponorhöhle seinen Weg und tritt erst nach über zweieinhalb Stunden durch vier bis sechs Quellen wieder aus.

Wer im Juli und August wandert, kann seinen Tag bei einem der **Pegnitzer Sommerkonzerte** – im wahrsten Sinne des Wortes – ausklingen lassen. Seit 1972 finden in den Kirchen in und um die Stadt Aufführungen zahlreicher Stilrichtungen statt. Das Angebot reicht von Chor, Solokünstler und Orchesterwerk bis hin zum Kinderkonzert.

Nicht nur der Wanderer – auch das Quellwasser vom Karstwunder bei Pegnitz hat einen weiten Weg hinter sich.

Ausgewählte Adressen und Öffnungszeiten

Creußen (s. auch S. 48ff.)

Kirchenführung St. Michael, OT Lindenhardt:
Apr–Okt Di–Sa 10.00–12.00 u. 14.00–17.00, So u. Fei 13.00–18.00
Nov–März So 13.00–17.00
Ansprechpartner: s. Schaukasten neben Haupteingang oder
Evang.-Luth. Pfarramt Lindenhardt, Marktstr. 6, 95473 Creußen
Tel. 0 92 46/2 63, www.kirchengemeinde-lindenhardt.de
Pfarrer Ulrich Bauer, Tel. 0 92 46/98 08 51

Pegnitz

Tourist-Information Pegnitz, Hauptstr. 73, 91257 Pegnitz
Tel. 0 92 41/7 23 11, www.pegnitz.de (> Freizeit & Urlaub)
Mo–Fr 8.00–12.00, zusätzlich Mo u. Do 14.00–16.30, Di 14.00–16.00

Pegnitzer Sommerkonzerte: www.pegnitzer-sommerkonzerte.de
Flinderertermine: www.pegnitz.de (> Kultur & Brauchtum)

Gasthaus Zaußenmühle, Bayreuther Str. 3, 91257 Pegnitz
Tel. 0 92 41/68 08, www.zaussenmuehle.com
Di–Sa ab 17.00, So u. Fei 11.00–14.00 u. ab 17.00 (Herbst u. Winter jeweils ab 17.30)

Ratsstube Pegnitz, Hauptstr. 43, 91257 Pegnitz
Tel. 0 92 41/80 90 84, www.ratsstube-pegnitz.de
Gaststätte: Mo u. Mi–Sa ab 17.00, So 11.00–14.00

Biergarten Schlossberg Pegnitz, Ernst-Böhm-Weg, 91257 Pegnitz
Tel. 01 73/2 37 44 97, www.schlossberg-pegnitz.de
Juni–Sep (außer bei Regen) tägl. 15.00–23.00

Schlabecks Fränkischer Hof, Ganghoferstr. 2, 91257 Pegnitz
Tel. 0 92 41/8 09 49 30, www.fraenkischer-hof-pegnitz.de
Zimmerpreise auf Anfrage

Rückfahrt zum Ausgangspunkt

Vom Bahnhof Pegnitz direkt mit dem Zug (RE) zum Bahnhof Creußen

6 Durch den verwunschenen Forst in Frankens kleinste Stadt

Pegnitz–Betzenstein (16,5 km)

Das liegt vor uns

Von der Bartholomäuskirche in Pegnitz geht es – über Wald und Feld – nach St. Jakob in Bronn, dann durch den wunderschönen Veldensteiner Forst ins romantische Betzenstein.

Hier geht's lang

Vom **Pegnitzer Bahnhof** nehmen wir die Bahnhofstraße nach rechts, gelangen durch eine Unterführung auf die Hauptstraße und schließlich zur Kirche St. Bartholomäus, unserem Ausgangspunkt.

Kurz vor dem Ende der Hauptstraße am Fluss gehen wir nach links, am Bürgerzentrum vorbei. Wir folgen dem Lauf des Wassers, halten uns rechts und queren bald die große Nürnberger Straße. Über die Heinrich-Bauer-Straße und die anschließende Dr. Heinrich-Dittrich-Allee verlassen wir den Ort (s. auch S. 54).

Wir gelangen auf einen Teerweg. Wenn er sich an der Hundeschule gabelt, nehmen wir die linke Abzweigung. Durch eine schöne Landschaft geht es nun auf befestigten Wegen auf und ab.

Beim Erreichen der Autobahn gehen wir links hinab zur Bundesstraße. Hinter der Unterführung nehmen wir gleich den kleinen Weg rechts, umrunden einen Teich, um nach ein paar Metern links wieder auf eine Teerstraße zu gelangen, die uns in eine Siedlung führt.

Am Feuerwehrhaus geht es rechts die Hauptstraße hinunter bis zum großen Ahorn am Ende des Dorfes.

Jetzt nehmen wir den Anstieg nach links hinauf, überqueren die B2 ein weiteres Mal (Achtung: Kuppe) und wandern bergab in die bewaldete Landschaft, die sich vor uns ausbreitet.

Unten am Wasser wenden wir uns nach rechts. Bald führt uns ein Weg am Wiesenrand links hinauf direkt in den **Veldensteiner Forst**.

Nach einem kurzen, sehr schönen Waldweg gelangen wir an eine Wegkreuzung breiterer Forstwege. Hier gehen wir einfach geradeaus weiter, nun auf breitem, bequemem Schotterweg.

Wo er auf die Autobahn trifft, knickt der Waldweg rechts ab, nach ein paar Metern kreuzt ein weiterer Teerweg den unseren, wir nehmen aber den Waldweg schräg links hinab und entfernen uns langsam wieder vom Lärm der Straße.

Ein paar Meter weiter kreuzen sich wieder einige große Wege, wir halten uns rechts, es geht am Teich vorbei in den Wald hinein.

Wir kommen aus dem Forst und erreichen eine Kreuzung, unser Weg führt nach links wieder in den Wald, rechts geht es nach **Bronn**.

Der kurze Abstecher nach Bronn (1,2 km) empfiehlt sich nur, möchte man im schmucken Brauereigasthof Mittag machen oder das Portal der Kirche besichtigen (s. S. 61).

Von Bronn aus gehen wir zurück zur oben erwähnten Kreuzung am Waldrand. Dort angekommen, nehmen wir den rechten Weg. Auf wurzeligem Pfad geht es erst nahe des Waldrandes entlang. Ein schmaler Fußpfad führt uns dann tiefer in den

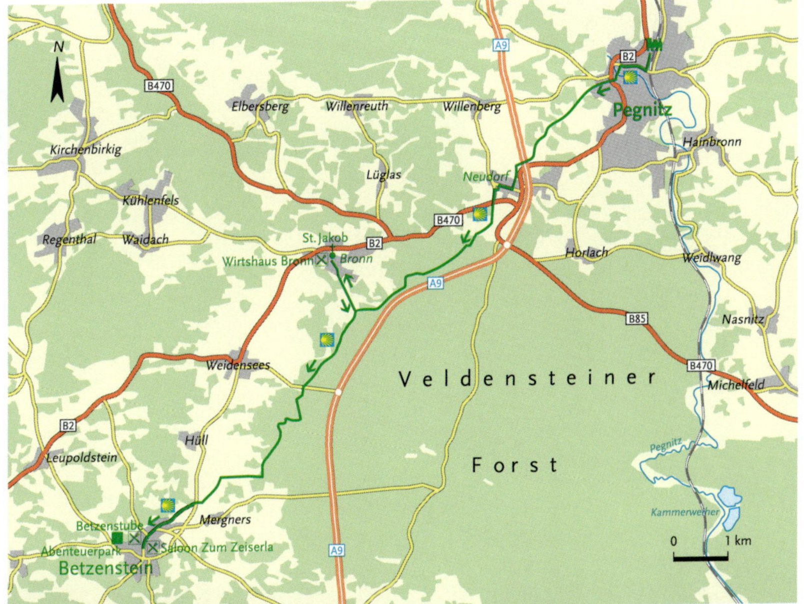

Das außergewöhnliche Portal der Jakobskirche ist ein versteckter Schatz im kleinen Ort Bronn.

Forst. Nach einer sehr schönen Strecke durch den Wald treffen wir auf die Bundesstraße, überqueren sie, um ein paar Meter weiter rechts wieder in den Wald zu treten.

Beim Erreichen der Forststraße geht es nach rechts weiter. Unser Weg macht bald eine Biegung, wir gehen aber geradeaus weiter.

Bei der großen Wegkreuzung mit dem bewachsenen Dreieck wenden wir uns nach links hinunter.

Rechts öffnet sich bald der Blick auf freie Felder, kurz danach biegt unser Weg rechts auf einen schmaleren Wiesenweg am Waldrand entlang ab.

Der unbefestigte Pfad führt uns rechts um das Waldstück herum, dann aufs freie Feld hinaus und schließlich in gleicher Richtung auf einen befestigten Flurweg.

Nach längerer Zeit, die wir geradeaus laufen, geht es nach links Richtung Südwesten ebenfalls auf einen gut befestigten Flurweg.

Ein steiniger Feldweg führt uns daraufhin bald ins Tal, wo wir bereits **Betzenstein** erkennen können – malerisch zwischen den Wäldern gelegen.

Bei den zwei Birken nehmen wir rechts den Teerweg hinauf zur Straße. Wir überqueren die Landstraße, gehen geradeaus weiter auf der Nebenstraße und auf Betzenstein zu.

Das gibt's zu sehen

Der Abstecher zur **Jakobskirche** in **Bronn** (1653) lohnt sich für entschiedene Fans seltener spätromanischer Zackenportale (um 1230/40), die Kirche selbst ist leider verschlossen (Pfarramt nebenan, Tel. 0 92 41/33 20). Ein weiterer Grund, den Weg bei sengender Sonne auf sich zu nehmen, wäre das *Wirtshaus Bronn*, eine charmante Brotzeitstube mit regionalen Produkten und Biergarten.

Betzenstein erreichen wir, über die Hauptstraße kommend, durch das untere Stadttor. Rechter Hand stehen wir bereits vor dem ersten Zeugnis der mittelalterlichen Vergangenheit des Ortes, dem **»Tiefen Brunnen«**. Als technische Meisterleistung ist das im 16. Jahrhundert erbaute, 92 Meter tiefe Denkmal in die Geschichte eingegangen. Der Bau dauerte sechs Jahre und war bis 1902 die einzige Trinkwasserversorgung für Betzenstein und

Umgebung. Eine Besichtigung ist auf Anfrage bei der Tourist-Information möglich.

Wem nun der Magen knurrt, dem sei die **Betzenstube** am »Hinteren Tor« empfohlen. In dem alten, gut sanierten Fachwerkhaus mit angrenzendem Biergarten werden fränkische und internationale Speisen angeboten, auch vegetarische Gerichte stehen auf der Karte. Neben dem Haupthaus befindet sich die hauseigene **Schloßbrennerei**, in der man Obstbrände aus eigenem Anbau und eigener Herstellung erstehen kann. Eine Alternative ist der **Gasthof Herbst**, wo es von Mittwoch bis Samstag durchgehend warme Küche gibt. (Beide Betriebe bieten auch Übernachtungsmöglichkeiten an.)

Unweit des »Tiefen Brunnens«, ebenfalls an der Hauptstraße gelegen, befindet sich die **Stadtpfarrkirche** (1748). Die schlichte Barockkirche aus Sandsteinquadern ist ein guter Ort, um sich zu besinnen und durchzuatmen. Einige Meter weiter in Richtung Ortsmitte treffen wir auf einen Brunnen mit großem Obelisken, den **Luitpoldbrunnen**. Der etwas unspektakuläre Anblick wird in der Osterzeit zu einem Genuss, wenn der Brunnen mit bunten Eiern und Blumen geschmückt wird.

Um uns einen Überblick über das Städtchen zu verschaffen, gehen wir über die Schmidbergstraße zum **Aussichtsturm**. Uns eröffnet sich ein wunderbarer Blick über die Altstadt und das Umland mit den beiden Burgen, die sich heute allerdings in Privatbesitz befinden und nicht zugänglich sind.

Der Blick auf die roten Dächer und Fachwerkbauten macht Lust, tiefer in die Stadt zu gehen. In der Nähe der oben erwähnten *Betzenstube* am »Hinteren Tor« befindet sich auch das historische **Scheunenviertel**, ein Fachwerkensemble, in dem man gleich Bilder vom mittelalterlichen Handwerker- und Bauernleben vor Augen hat.

Doch Betzenstein hat nicht nur einen schönen Ortskern, auch in der Umgebung lässt sich einiges entdecken. Der Hauptstraße folgend, gelangen wir am westlichen Ortsausgang zum Eingang des **»Abenteuerparks Betzenstein«**, unterhalb des Freibads. Nach Mutproben steht uns gerade nicht der Sinn, doch wir merken uns den Waldseilgarten mit seinen elf Kletterparcours für unseren nächsten Ausflug.

Über den Aufgang zum Wanderweg mit dem roten Kreis gelangen wir nicht nur zum Kletterpark, sondern auch zu dem

Naturdenkmal Klauskirche. Diese ist eine etwa 32 Meter lange, bis zu fünf Meter breite und sieben Meter hohe, geräumige Durchgangshöhle, die in der Zeit des Kreidemeers ausgehöhlt wurde.

Etwas weiter entfernt, nordwestlich von Betzenstein beim Ortsteil **Kröttenhof**, liegt ein weiteres Naturdenkmal, die **Felsgruppe »Großer Wasserstein«**. Besonders sehenswert ist das Wassersteintor, das wie die Klauskirche ein Felsentor ist, zwölf Meter tief und bis zu sechs Meter hoch.

Ebenfalls in dieser Gegend befindet sich der als Kraftort bekannte **Hexenboden** mit dem Hexentor, einem drei mal drei Meter großen Felsdurchbruch. Der Hexenboden ist ein Dolomitfelsen auf einer Anhöhe ca. 400 Meter südlich von Kröttenhof, der Weg ist von dort aus beschildert.

Und wer auf den Tag mit einem Bierchen oder einem Cocktail anstoßen möchte, dem sei der **Saloon »Zum Zeiserla«** ans Herz gelegt. In der urigen Kneipe gibt es einen Billardtisch, an ausgewählten Abenden Livemusik sowie eine bodenständige Speisekarte mit Schnitzel und Pizza.

Eine geschichtsträchtige Übernachtungsmöglichkeit bietet das **Gästehaus Karin**. In dem rund 500 Jahre alten Fachwerkhaus lässt es sich in einem der liebevoll eingerichteten Zimmer gemütlich entspannen.

Liebevoll restauriert: Ein altes Fachwerkhaus in Betzenstein beherbergt heute den empfehlenswerten Gasthof *Betzenstube*.

Ausgewählte Adressen und Öffnungszeiten

Pegnitz (s. auch S. 56f.)

Wirtshaus Bronn, Klumpertalstr. 49, OT Bronn, 91257 Pegnitz
Tel. 0 92 41/8 09 73 26
Mo, Do u. Fr 11.00–14.00 u. 17.00–22.00, Sa u. So 10.30–22.00

Betzenstein

Infozentrum Betzenstein, Hauptstr. 44, 91282 Betzenstein
Tel. 0 92 44/98 52 21, www.betzenstein.de (> Tourismus & Freizeit)
Mo–Do 10.00–14.00, Fr 10.00–12.00

Abenteuerpark Betzenstein, Hauptstr. 68, 91282 Betzenstein
Öffnungszeiten telef. erfragen: Tel. 0 92 44/98 59 16 oder Tel. 01 51/57 14 27 18

Saloon »Zum Zeiserla«, Hauptstr. 37, 91282 Betzenstein
Tel. 0 92 44/98 54 27, www.zeiserla.com
Mo, Di u. Do–So ab 17.00

Betzenstube, Schloßstr. 5, 91282 Betzenstein
Tel. 0 92 44/92 02 01, www.betzenstube.de
Gaststätte: Mi–Fr ab 17.00, Sa, So u. Fei ab 11.00
Apartment ab 95 € p. P.

Gasthof-Café Herbst, Bayreuther Str. 4, 91282 Betzenstein
Tel. 0 92 44/2 24, www.gasthof-herbst.de
Gaststätte: Mi–So ab 11.00, durchgehend warme Küche
Zimmerpreise auf Anfrage

Gästehaus Karin, Hauptstr. 36, 91282 Betzenstein
Tel. 0 92 44/12 18, www.gaestehaus-karin.de
Zimmerpreise auf Anfrage

Tipp für einen Abstecher

Wer noch weiterlaufen will, findet nach drei Kilometern im OT Stierberg eine schöne Pilgerunterkunft und Stempelstelle (auch mit Bettenlager und Zeltplatz – für die, die noch nicht genug Frischluft abbekommen haben):

Landgasthof Pension Fischer, Stierberg 25, 91282 Betzenstein
Tel. 0 92 44/3 84, www.gasthof-pension-fischer.de
Gaststätte: Di–So 11.30–20.30, durchgehend warme Küche
Mo Ruhezeit 11.00–18.00
Bettenlager ab 10 € p. P., Zeltlager ab 8,50 € p. P.
EZ (inkl. F) 43 €, DZ (inkl. F) 76 €

Rückfahrt zum Ausgangspunkt

Vom Marktplatz in Betzenstein mit dem Anruflinientaxi (ALT) bis Neuhaus und weiter mit dem Zug (RE) nach Pegnitz
Achtung: ALT verkehrt nur bis 16.30; Voranmeldung mind. 60 Min. vor Abfahrt unter Tel. 0 92 44/2 69

Be prepared! – Perfekt gerüstet 3

Wir einigten uns darauf, dass ich die Hälfte meiner Ausrüstung (s. S. 40f.) auf *eBay* verkaufen würde. Bis dahin wollte Elisabeth den Sloterdijk durcharbeiten. Von dem Erlös würden wir Wanderkarten kaufen. (Oder vielleicht ein GPS? »Garmin Oregon 650«? Oder eine wasserdichte Karte? Man kann sich inzwischen sogar Karten auf Stoff drucken lassen und am Körper tragen. Langlebig, originell, wetterfest – man muss sie nur vor Gebrauch bügeln ...)
Und danach müssten wir raus. Wirklich raus in die Natur. Die feindliche, seltsame, ungemütliche Natur. Wir entschieden uns für den Jakobsweg in Deutschland. »Nicht so exotisch wie Spanien, aber wir können einfach jederzeit loswandern!«, sagte Elisabeth.
»Dann machen wir's jetzt im Winter«, beschloss ich. »Die Sommersonne schädigt nur den ultraleichten Zeltstoff!«

Nach neun Tagen in der winterlichen Kälte war jeder unserer Ausrüstungsgegenstände auf Herz und Nieren geprüft worden.
(Für Schal und Lendenwärmer traf das sogar wörtlich zu.)
An einem besonders unfreundlichen Abend waren wir von der Dämmerung überrascht worden und hatten es sehr eilig, das Lager aufzuschlagen.
»Soll ich den Feuerstahl oder die Streichhölzer benutzen?«, rief mir Elisabeth durch den strömenden Regen zu.

»Scheißegal! Hauptsache es brennt, mir ist kalt!«, schrie ich zurück, während ich mit dem Zelt kämpfte, das im Wind davonfliegen wollte.
»Warum bist du so nass? Ist dein Poncho kaputt?«, versuchte sie, den Wind zu übertönen.
»Nein«, rief ich, »aber er hat das Wasser direkt in meine wasserdichten Schuhe abfließen lassen«, schrie ich zurück.
»Dann zieh sie doch aus, du erkältest dich noch!«, rief sie.
»Geht nicht«, antwortete ich durch den Sturm. »Ich krieg die Schnürung nicht auf!«
Später lagen wir erschöpft und trocken im Zelt.
»Was hast du da an?«, fragte mich Elisabeth, als ich mich noch mal aus dem Schlafsack schälte, weil man natürlich immer erst aufs Klo muss, wenn man schlafen will.
»Meine Daunenweste. Ich trage sie im Schlafsack als Hose, weil sonst mein Hintern friert«, antwortete ich.
Als ich vom Pinkeln zurückkam – der Sternenhimmel war zu meiner Überraschung überwältigend gewesen – strich ich Elisabeth über die Wange. Schläfrig machte sie: »Hm?«
Und ich antwortete: »Also eines habe ich gelernt.«
»Und was? Dass man Erfahrungen nicht im Internet bestellen kann?«, fragte sie.
»Nein«, sagte ich begeistert, »dass man die Weste in der Kälte nicht ausziehen muss: Man kann einfach durch das Kopfloch pinkeln.«

7 Schattige Buchenhaine und romantische Ruinen

Betzenstein–Gräfenberg (18 km)

Das liegt vor uns

Die erste Hälfte des Tages geht es hauptsächlich durch den Wald, am Nachmittag dann über freies Feld. Wir gehen wenig auf Straßen.
Wir wandern teilweise durch die felsigen Buchenwälder der Fränkischen, teilweise durch kargere Landschaft. Die Tour führt uns zum Stierberg, über die Burgruine Wildenfels ins schöne Hiltpoltstein mit seiner Veste und schließlich nach Gräfenberg, wo es zahlreiche Einkehrmöglichkeiten – und das leckere »Lindenbräu« – gibt.

Hier geht's lang

Wir verlassen **Betzenstein** über die Hauptstraße. Wo sie sich mit der Bayreuther Straße vereint, folgen wir ihr nach rechts. Noch vor dem Ortsausgangsschild (»Am Wasserstein«) geht es links in einen Feldweg. Er führt uns schräg rechts nach oben. Bei den Felsen gehen wir gleich wieder rechts auf einem schmaleren Pfad ein Stück am Waldrand entlang und dann um den Felsen herum. Es geht durch einen lichten Buchenwald.

Nach ein paar Minuten haben wir eine Höhe überquert, treten wieder unter freien Himmel und kommen zu einem Feldweg, hier wenden wir uns nach rechts.

Wir passieren eine Ruhebank mit Blick über die abfallenden Wiesen, ehe es wieder in den Schatten der Bäume geht.

Bei der Wegkreuzung wandern wir nach links und ein paar Schritte weiter vor dem größeren Forstweg gleich rechts auf einen Waldweg.

Nach einem weiteren Aufstieg erreichen wir wieder einen breiteren Waldweg, wenden uns nach rechts (ohne Markierung) und ersteigen die Höhe.

Unten – bei Erreichen des breiteren Schotterweges – geht es wieder nach rechts.

Nach ein paar hundert Metern erblicken wir rechts von uns die Burgruine **Stierberg**. (Zu dem Gemäuer hinauf ist es nur ein kurzer Abstecher. Um in den Ort und zur Pilgerherberge zu gelangen, muss man aber nicht über den Felsen, sondern geht weiter bis zur Straße und dann nach rechts.) Wer der Muschelmarkierung vertraut, darf getrost den nächsten Absatz überspringen, denn vor lauter rechts-links auf dem Papier (dafür gibt es leider kaum Synonyme) sieht man sonst den Wald vor lauter Bäumen nicht. Sollte unser Pilgerzeichen aber von Schnee bedeckt, von Nebel umhüllt oder mit den Bäumen in schwindelnde Höhen gewachsen sein, darf der orientierungslose Leser gerne der etwas trockenen Beschreibung, die jetzt folgt, vertrauen …

Beim Erreichen der oben genannten Straße wenden wir uns nach links in Richtung Wildenfels. Nach ein paar Metern hinauf verlassen wir die Straße schräg nach links oben. Dort führt uns ein Waldweg bis zu einer gut befestigten Forststraße, der wir abermals nach links folgen.

Bei der Weggabelung halten wir uns rechts, wenn sich der Weg im Wald teilt, links. Der Waldweg, der zu einer recht unbefestigten Waldstraße geworden ist, teilt sich erneut und führt ein weiteres Mal nach links.

Wie bei *Ronja Räubertochter*: 1827 traf ein Blitz die schon teilweise zerstörte Burg Wildenfels und verwandelte die Festung in eine Ruine.

Ab jetzt geht es auf und ab durch den einsamen, wunderschönen Buchenwald. Hier gibt es viele Abzweigungen, die aber alle gut markiert sind – achten wir also gut auf unsere Pilgermuschel.

Nach einem letzten Abstieg öffnet sich die Landschaft, wir sehen ein weites Feld – und auch eine Infotafel an der Weggabelung. Wir wandern am Waldrand weiter mit Blick auf die Burgruine Wildenfels.

Kurz darauf wenden wir uns nach rechts und nehmen den sanften Anstieg in den Wald hinauf.

Dann geht's aber gleich wieder links weiter! Wenn sich unser Weg teilt, gehen wir rechts. Unser breiter Weg windet sich zur Burgruine hinauf. Hier genießen wir die herrliche Aussicht. Es gibt mehrere Rastmöglichkeiten an Tischen und Bänken.

Wir laufen anschließend nach rechts abwärts in den Ort **Wildenfels**.

Unten angekommen, überqueren wir die Bundesstraße und gehen auf einem breiten Landwirtschaftsweg geradeaus weiter.

Gleich darauf biegen wir rechts auf einen anderen Flurweg ab. Der Weg führt durch ein Wiesental und wieder zu den hügeligen Höhen auf der anderen Seite.

Für eine gute Weile laufen wir auf einem befestigten Weg durch den Wald. Bei der Wegkreuzung geht es nach links auf einen anderen Forstweg. Nachdem der Weg eine Biegung beschrieben hat, nehmen wir die rechte Abzweigung.

Wir kommen an eine Straße, die wir rechts hinauflaufen; auf ihr gelangen wir nach kurzer Zeit nach **Hiltpoltstein**. (Achtung: Die Straße ist hügelig und schlecht überschaubar.)

Wir durchschreiten das mittelalterliche Tor und nähern uns dem schmucken Ortskern. Wir folgen der Straße abwärts bis zur Sparkasse (hier führt links eine Treppe zur Matthäuskirche hinauf). Zurück auf der Hauptstraße macht diese bald eine Kurve, da biegt der Jakobsweg nach links ab. (Wer noch Proviant einkaufen will, geht die Straße weiter hinunter zum *Edeka*.)

Der Straße »Am Stock« folgen wir, bis sie eine Kurve beschreibt. Wir wenden uns nach rechts und gelangen auf einer kleinen Straße aus dem Dorf hinaus.

Vor den letzten Häusern biegen wir links auf einen Schotterweg, der auf eine baumbestandene Höhe führt.

Der Weg windet sich über Felder und am Waldrand entlang, nach Erreichen einer weiteren Höhe (bei einem Schuppen) geht es nach ein paar Metern rechts ab. Hier wird der Weg ein wenig schlechter.

Er führt uns abwärts in ein Tal hinein. An der Wegkreuzung zum **»Schafferhof«** gehen wir weiter geradeaus am Waldrand entlang. Wer hier eine Rast einlegen will, kann beim Hof Wurstwaren und Holzofenbrot erstehen (ca. 1 km).

Ungefähr auf Höhe des Gehöfts führt unser Weg rechts in den Wald, auf einen unbefestigten Weg.

Nach ein paar Metern – noch vor Erreichen der umzäunten Baumschule – geht es links in den Wald auf einen weniger begangenen Pfad. Achtung: Hier ist die Markierung nur schwer zu entdecken!

Kurz darauf verlassen wir den Wald. Wo unser Weg am Ende des Waldstücks auf einen geschotterten Feldweg trifft, biegen wir nach rechts ab. Es geht zwischen den Wiesen sanft hinauf. In einiger Entfernung vor uns sehen wir einen Ort. So weit kommen wir aber nicht – wenn unser Weg wieder auf ein Waldstück trifft, wenden wir uns nämlich nach links. Der Weg führt am Waldrand entlang hinauf.

Nachdem wir die schmale Teerstraße erreicht haben, laufen wir ein Stück rechts nach unten, dann bald links auf einen

Markant prägt die Gipfelburg das Stadtbild von Hiltpoltstein. Nach mehreren Besitzerwechseln stand sie 2016 für 999.000 Euro wieder zum Verkauf.

unbefestigten Feldweg am Waldrand entlang. Wir wandern ein Stück bergan. Kurz vor Ende des Waldstücks und vor Erreichen der Höhe geht es rechts unter die Bäume.

Wir durchqueren das Waldstück auf einem bequemen Weg, gelangen schließlich an eine Koppel mit einem winzigen überdachten Heuschober und behalten immer unsere Richtung bei.

Am Ende der Koppel bei der Kreuzung treten wir geradeaus aufs freie Feld hinaus. Wir folgen nicht der Biegung, sondern gehen auf einem gewundenen Feldweg weiter, zwischen Wiesen, Feldern und Gehölzen entlang. Nach einer Weile biegen wir bei einer Wegkreuzung links ab. Bald erreichen wir ein erstes Gehöft und eine große Linde.

Wir überqueren die Bundesstraße, halten uns leicht links, gehen einen Teerweg hinauf, am Sportplatz vorbei, und erreichen auf einem Feldweg das Kriegerdenkmal.

Hier haben wir einen weiten Ausblick auf **Gräfenberg** und das Umland.

Unter dem Kriegerdenkmal führt der »Frankenweg« im Zickzack den Berg hinab. Schöner allerdings ist es, von hier die 291 Stufen in die Innenstadt hinunterzuschreiten.

Nach kurzer Zeit kommen wir dann auch durch das historische Stadttor zum **Marktplatz** mit zahlreichen Einkehrmöglichkeiten und zur Dreieinigkeitskirche.

Das gibt's zu sehen

Nach einem Spaziergang durch den malerischen Wald kurz hinter Betzenstein kommen wir zur **Burgruine Stierberg**. Von der im 12. Jahrhundert erbauten Burg sind nur noch ein paar Mauerreste auf dem 596 Meter (Nordostkuppe) hohen Berg übrig geblieben. Hier hat man eine schöne Aussicht über die bewaldeten Hügel ringsum – allerdings eher im Herbst und Winter, wenn die Bäume kein Laub mehr tragen. Auf der anderen Seite der Erhöhung liegt der gleichnamige **Ort Stierberg**, ein hübsches Dorf mit alten Scheunen, traditionellen Backhäusern und sorgsam restaurierten Gebäuden, in dem die Zeit stehen geblieben zu sein scheint.

Die **Burgruine Wildenfels** ist ebenfalls ein schöner Aussichts- und Rastplatz, gleichzeitig der höchste Punkt der Strecke zwischen Bayreuth und Nürnberg.

Mittags erreichen wir **Hiltpoltstein**. Die **Burg**, die auf einem Felsen über dem Ort thront, stammt ursprünglich aus dem Hochmittelalter, wurde aber im 16. Jahrhundert erneuert. Sie ist eine der ältesten hochmittelalterlichen Vesten der Region.

Auch die **Matthäuskirche** in Hiltpoltstein (erbaut 1617–1626) ist mit ihrem gotischen Flügelaltar (1420) und dem achteckigen Taufstein mit Jakobsmuschelrelief (um 1626) eine Sehenswürdigkeit. Eine Besonderheit des Gotteshauses ist außerdem der evangelische Beichtstuhl (um 1700).

In **Gräfenberg**, unserem Etappenziel, gibt es viele Einkehrmöglichkeiten. Die meisten Stadtbewohner der Region verbinden mit Gräfenberg vor allem eines: das **»Lindenbräu«**, ein beliebtes und begehrtes Bier. Im gleichnamigen Brauereigasthof kann man zünftig Brotzeit machen und dann (nach drei oder vier Bier) auch gleich in einem der Gastzimmer übernachten.

Weniger bekannt und durchaus ein Geheimtipp ist **Friedmanns Bräustüberl**. Hier trinkt man – was wohl? – »Friedmanns«, genau. Der gemütliche und freundliche Gasthof vor dem Stadttor heißt Wanderer ausdrücklich willkommen und hat auch vegetarische Gerichte auf der Speisekarte.

Die **Dreieinigkeitskirche** Gräfenberg (Mitte 13. Jahrhundert) weist eine kuriose Besonderheit auf: Die Türmerwohnung, in der um 1597 erst die Stadtwache und später die Türmer der Gemeinde Quartier bezogen. Deren Aufgabe war es, vor Feuer und Feinden zu warnen, später dann (1620) auch die Wartung und das Aufziehen der mechanischen Turmuhr sowie das Abgeben eines Trompetensignals zu jeder vollen Stunde. Die letzte Bewohnerin war die Mesnerin Anna Rupprecht. Sie starb 1946. Bis dahin musste jeder Holzscheit und jeder Eimer Wasser per Hand über enge Holztreppen in 40 Meter Höhe getragen werden. »Kein Gang nach oben ohne Wassereimer«, erinnert sich ein Zeitzeuge – das galt auch für jeden Besucher.

Der Innenraum des Gotteshauses ist groß und schön, gedämpftes Licht fällt durch die Fenster und erleuchtet sanft den Altaraufbau von 1701. Die Christusfigur stammt von dem Nürnberger Künstler Burgschmiet aus dem Jahr 1840. Die Kanzel am Chorbogen und der Taufstein sind aus den Jahren 1699 und 1702.

Wohnen in luftigen Höhen: Im Turm der Gräfenberger Kirche lebten und arbeiteten einst die Türmer der Stadt.

Ausgewählte Adressen und Öffnungszeiten

Betzenstein s. S. 64f.

Hiltpoltstein

Matthäuskirche Hiltpoltstein, geöffnet Mo–Sa 9.00–18.00, So 9.30–18.00

Ferienbauernhof u. Hofladen Schafferhof, Görbitz 1, 91355 Hiltpoltstein
Tel. 0 91 92/85 95, www.schafferhof.de
Hofladen: Di, Mi u. Fr 8.00–18.00, Sa 8.00–16.00, oder nach Vereinbarung
Fr und Sa Backtag, Ferienwohnung ab 40 € p. P.

Gräfenberg

Tourismusamt Stadt Gräfenberg, Kirchplatz 8, 91322 Gräfenberg,
Tel. 0 91 92/70 90, www.graefenberg.de (> Tourismus)

Dreieinigkeitskirche Gräfenberg, geöffnet tägl. 10.00–16.00

Tipp
Wer zu mehreren unterwegs ist und sich rechtzeitig anmeldet, bekommt vom Verein *Altstadtfreunde Gräfenberg* gegen eine kleine Spende eine ausführliche Stadtführung geboten.
Anfragen an: Otto Müller, Tel. 0 91 92/3 38

Friedmanns Bräustüberl, Bayreuther Str. 14, 91322 Gräfenberg
Tel. 0 91 92/99 23 18, www.friedmanns-braeustueberl.de
Mi–Fr 11.00–22.00, Sa 10.00–22.00, So 10.00–20.00

Lindenbräu Gräfenberg, Am Bach 3, 91322 Gräfenberg
Tel 0 91 92/3 48, www.lindenbraeu.de
Gaststätte:
Sommer (ab Mitte März) Mo 16.00–22.00, Di–Do 11.00–22.00, Fr 16.00–23.00, Sa 10.00–23.00, So u. Fei 16.00–22.00, 1. Mai u. Christi Himmelfahrt 10.00–22.00
Winter (ab Mitte Nov) Di–Do 11.00–22.00, Sa 10.00–23.00, So 16.00–22.00
Zimmerpreise (inkl. F) ab 35 € p. P.

Gasthaus Pension Strehl, Walkersbrunn 9, 91322 Gräfenberg
Tel. 0 91 92/76 53, www.gasthaus-strehl.de
Gaststätte: Mo u. Di ab 16.30 (nur Hausgäste!), Mi u. Fr 17.00–20.00, So ab 10.30
DZ (inkl. F) 31 € p. P., Ferienwohnung (mind. 3 Übernachtungen) ab 38 €

Rückfahrt zum Ausgangspunkt

Eine Rückfahrt mit dem ÖPNV von Gräfenberg nach Betzenstein ist äußerst umständlich und empfiehlt sich deshalb nicht. (Gräfenberg ist durch die Gräfenbergbahn allerdings verkehrstechnisch gut mit Nürnberg verbunden.)

8 Zur schönsten Kirche im Nürnberger Land

Gräfenberg–Kalchreuth (20 km)

Das liegt vor uns

Eine spannende Wegstrecke über den Eberhardsberg mit dem »Teufelstisch« und der »Teufelsküche« erwartet uns. Da uns die Markierungen hier vielfach im Stich lassen, liegt die Vermutung nahe, dass niemand anderes als der sagenhafte Bewohner des Berges sie entfernt oder verdreht hat, weil er sich nicht über Pilger freut. Trotzdem muss man den Berg nicht fürchten; die Mühe lohnt, wir sehen einen romantischen Wald und wandern über Wiesen und Felder. Genießen einen herrlichen Ausblick auf der Höhe über Etlaswind, um wieder im einsamen und wunderschönen »Höllholz« zu verschwinden. Bald geht es über Felder und einen Golfplatz nach Steinbach. Von hier hauptsächlich über Waldwege bis hinauf nach Kalchreuth.

Hier geht's lang

Vom **Gräfenberger Bahnhof** gehen wir links die Straße hinauf. Bei der großen Kurve führt eine schmale Treppe rechts nach oben. Dort durchschreiten wir das Stadttor.

Wer zum Pfarramt und zur Dreieinigkeitskirche (s. S. 74) möchte, nimmt die gepflasterte Gasse nach links. Wir aber kommen zum Marktplatz, lassen ihn rechts liegen, folgen der Straße, kommen an der »Alten Post« vorbei und erreichen wieder die Bahnhofstraße.

Dort geht es nach links, nach einer Weile nehmen wir die Landstraße nach **Walkersbrunn**.

Wo diese sich teilt (keine Markierung!), folgen wir dem Wegweiser zur katholischen Kirche, den »Teufelstischweg« entlang.

Hier geht es leicht bergan, bald wird der Weg zu einem Schotterweg, der sich den Berg hinaufwindet. Wir haben eine schöne Aussicht auf das Tal.

Ab jetzt müssen wir achtsam sein! Kurz vor der Höhe trifft unser Weg auf einen anderen Schotterweg. Da wenden wir uns in einer sehr spitzen Kurve nach links. Erst beim Zurückschauen erkennen wir unsere Markierung und einen Wegweiser zum Teufelstisch.

Wir gehen auf unbefestigtem Weg an Wiesen- und Gehölzrändern entlang. Nach ca. 150 Metern verlassen wir unseren Weg. Vor uns geht er, tief ins Feld eingeschnitten, nach unten. Ohne Markierung wenden wir uns aber nach rechts, gehen quer über die Wiese – auf einem kaum sichtbaren Pfad – und finden unsere Muschel dort am Waldrand wieder.

Es ist leicht, ihr zu folgen, aber Achtung: Die Markierungen auf dem gesamten Eberhardsberg zeigen nicht mehr wie gewohnt die richtige Richtung an!

Der Weg hinauf ist romantisch und schön. Bei der großen Kreuzung der Pfade gehen wir geradeaus weiter aufwärts. Bald gelangen wir dann auch zur **Teufelsküche**, der Pfad wird enger und felsiger. Plötzlich sehen wir vor uns einen Sandsteinfelsen – den **Teufelstisch**, den wir uns vielleicht ein wenig größer vorgestellt haben.

Wir steigen weiter über einen wurzeligen Pfad hinauf auf den Gipfel des **Eberhardsbergs**. Hier, in 534 Metern Höhe, sehen wir zwar zunächst keine Muschelmarkierung, aber einen Rastplatz mit schöner Aussicht auf Wipfel und Felsen.

Wir gehen links weiter, einen Waldpfad hinab. Schon nach kurzer Zeit sehen wir links eine Holztreppe. Die steigen wir hinunter und wandern dann – entgegen der Muschelmarkierung –

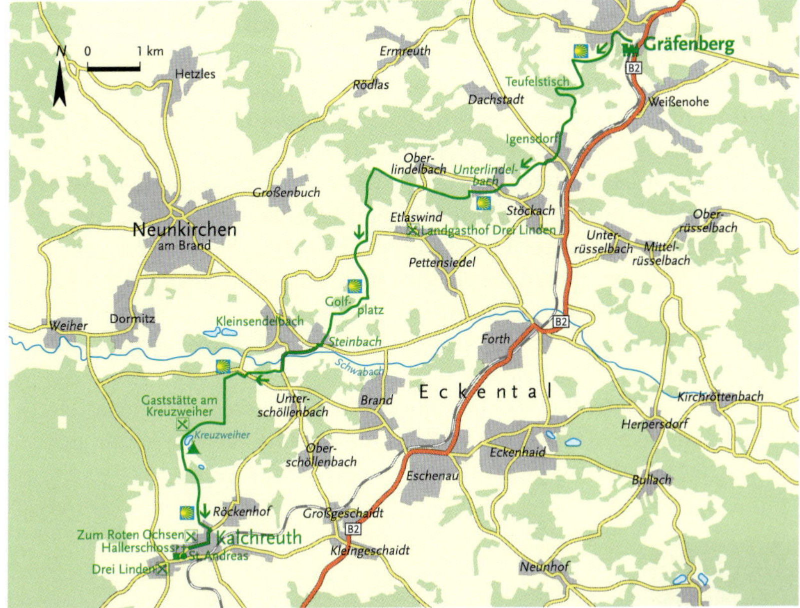

Hier soll einst der Leibhaftige getafelt haben: Der Teufelstisch bei Igensdorf ist eine sagenumwobene Felsformation.

den breiten, befestigten Waldweg links abwärts, bis wir aus dem Wald treten.

Hier führt erneut ein breiter Weg nach unten, weite Ausblicke auf das Tal und die Hügel erwarten uns. Kurz danach geht es schon wieder links ab auf einen schmaleren und steileren Pfad durchs Gehölz.

Wir erreichen das Kriegerdenkmal in einem lieblichen Hain mit einer Bank. Von dort führt die Straße nach **Igensdorf** hinab.

Im Ort biegen wir nicht (!) rechts ab – trotz Markierung – sondern gehen geradeaus auf die gelbe Kirchturmspitze zu, an der Kreuzung geradeaus weiter, bis wir vor dem barocken Bau der St. Georgskirche stehen.

Wer jetzt einen überdachten Rastplatz braucht, geht ein paar Meter hinunter zum Friedhof und kann im offenen Eingangsbereich der Aussegnungshalle verschnaufen, ehe es weitergeht.

Wir überqueren auf einer kleinen Brücke die Schwabach und biegen direkt danach rechts ab.

Hinter dem Parkplatz geht es links einen Teerweg bergauf, der später zu einem Feldweg wird.

Am Ortsrand von **Unterlindelbach** überqueren wir wieder einen Bach, wenden uns nach rechts auf eine Teerstraße und gehen von der aus gleich wieder rechts am Bach entlang.

Am Ende des Weges gelangen wir auf die Dorfstraße, von wo es nach links in den Ort hineingeht. Wir überqueren die Hauptstraße und behalten unsere Richtung bei.

Die »Hutweide«, eine lange gerade Straße, führt uns Richtung Westen langsam an den letzten Häusern vorbei aus dem Ort hinaus.

Auf dem Waldweg, noch vor dem letzten Haus, zweigt unser Weg links ab.

Nachdem wir eine Weile am Zaun entlanggewandert sind, treffen wir auf einen weiteren unbefestigten Waldweg und dringen nach rechts tiefer in das »Katzholz« ein.

Bei der ersten großen Kreuzung verlässt der Wanderpfad den großen Weg, behält aber die Richtung bei und läuft dann der Bequemlichkeit halber längere Zeit entlang des Forstweges, wobei er einmal die Seite wechselt.

Schließlich verlassen wir den Wald, rechts blicken wir in ein Tal mit Ortschaft, wir überqueren eine Landstraße und ersteigen jenseits davon über einen steilen Feldweg eine Höhe zum Wald hin. (Hier gibt's eine Einkehrmöglichkeit: Vor der Straße bzw. vor dem Sendeturm führt ein Waldweg links hinunter nach **Etlaswind** in den *Landgasthof Drei Linden*; Gehzeit ca. 15 Minuten, Tel. 0 91 26/92 29.)

Bald gelangen wir auf einem Feldweg nach oben. Der Blick weitet sich mehr und mehr. Von hier kann man linker Hand schon den Fernsehturm von Nürnberg erkennen.

Das Häuschen lassen wir rechts liegen, steigen geradeaus weiter über die Höhe am Waldrand entlang, bis wir bei einer Pflanzung links abbiegen – und am Ende der Plantage gleich wieder links ins »Höllholz« hineingehen. Das Höllholz ist ein märchenhafter Kiefern- und Eichenwald mit verschlungenen, gut ausgeschilderten Pfaden.

Es geht abwärts über steile Tritte, bei der Kreuzung gehen wir geradeaus weiter hinunter. Wenn wir im Tal auf einen unbefestigten Waldweg treffen, wenden wir uns nach links.

Dann, auf freier Flur, geht es rechts den Feldweg entlang leicht bergan in die Wiesen. Bei dem kleinen Weiler biegt unser Weg rechts ab.

Der Wald- und Wiesenweg führt auf eine Höhe zu einer Landstraße hinauf. Wir überqueren sie und gehen geradeaus weiter, auf ein Tal und eine kleine Ortschaft zu. Hier geht es mitten

Tagsüber weist uns die Wanderkarte den Weg – abends vielleicht die äußerst verführerische Speisekarte des *Roten Ochsen*.

durch den **Golfplatz**. Bei der Wegkreuzung auf dem Gelände laufen wir erst nach rechts und dann an der Golfhütte geradeaus weiter über die Wiese zum Waldrand.

Dort sehen wir wieder unsere Muschel. Sie leitet uns mal am Waldrand entlang, mal durch den Wald, bis wir schließlich nach links hinunter in den malerischen Ort **Steinbach** kommen.

Wir treffen auf die Hauptstraße, vom Bushäuschen gibt es Busverbindungen zu den Bahnhöfen Eschenau (Gräfenbergbahn) und Erlangen.

Wir überqueren die Landstraße, ein paar Meter weiter rechts geht unser Weg weiter.

An der Schwabach entlang, vorbei an der Sendelmühle, biegen wir schließlich an der Kreuzung links ab. Wir lassen den Ort hinter uns, überqueren den Bach, und verlassen die Straße kurz nach Erreichen des Waldes nach rechts.

Über einen Wanderweg gelangen wir nach etwa 30 Minuten zur Landstraße Erlangen–Eckental. Es geht nach rechts und dann gleich wieder nach links in den Wald.

Wir folgen unserer Markierung über breite Forstwege und gelangen auf eine Anhöhe, wo es nach rechts weitergeht.

Bei der Kreuzung der breiten Forstwege fehlt die Markierung – wir folgen dem »Philosophenrundweg« links abwärts.

Unten angelangt an der großen Kreuzung wenden wir uns nach links und gehen den geteerten Weg Richtung Kalchreuth (grüner Wegweiser).

Nach circa 500 Metern auf einer breiten geteerten Forststraße geht es nach rechts auf einen kleineren Weg in den Wald hinein. Wir passieren die **Gaststätte am Kreuzweiher** und die beiden Weiher. Jetzt geht es wieder links in den Wald. An dieser Stelle treffen der Lichtenfelser und der von Hof kommende Jakobsweg aufeinander.

Wir wandern auf einem breiten, unbefestigten Waldweg bergan. Bei der Lichtung folgen wir unserem Weg nach links.

Sicher leitet uns die Muschelmarkierung über mehrere Abzweigungen schließlich zum Waldrand. Wir gehen nach links, einen unbefestigten Flurweg entlang.

Auf der Höhe erblicken wir dann bereits das Etappenziel **Kalchreuth**. Beim Erreichen der ersten Häuser geht es nach links aufwärts, schließlich rechts die Hauptstraße hinauf, wo wir bereits den Kirchturm von **St. Andreas** sehen.

Das gibt's zu sehen

Der **Teufelstisch** bei **Igensdorf** ist ein Pilzfelsen, um den sich viele düstere Legenden ranken. Ob sich hier wirklich einst eine germanische Opferstätte befand oder mutige Mönche im Mittelalter mit dem Teufel um ihr Leben spielten, sei dahingestellt. Fest steht, dass der Teufelstisch ein einzigartiges und sehenswertes Naturdenkmal ist.

Der kleine Ort **Kalchreuth** liegt auf einer Anhöhe unweit unseres »großen« Etappenzieles Nürnberg und der Nachbarstädte Fürth und Erlangen. Das bedeutet für uns Wanderer einen Anstieg auf eine Höhe von 427 Metern.

Vor allem die Kirche **St. Andreas** belohnt aber diese letzte Anstrengung am Ende dieser Tagesetappe. Wo im 14. Jahrhundert noch eine kleine Kapelle stand, erwartet uns heute eine wahre Schatzkammer. Die Kirche ist eingefriedet und mit viel Grün umgeben. Eine Bank vor einer ausführlichen Infotafel zum Jakobsweg bietet eine willkommene Rast für die müden Füße.

Den Freiherren Haller von Hallerstein, deren Schloss mit der Kirche zusammen ein bedeutendes Bauensemble bildet, verdanken wir die reiche Innenausstattung des Gotteshauses. In der Kirche ist die spätgotische Gestaltung des Chores weitgehend erhalten geblieben.

Das schmale Langhaus und die hölzernen Emporen strahlen Alter und Würde aus. Die Kanzel mit der Darstellung Christi und dem Schwan über dem Baldachin stammt von 1693. Im Jahr 1789 wurde der Turmbau fertiggestellt – getragen von den Gemeinden Kalchreuth, Käswasser und Röckenhof. Ein langer Streit um die Zuständigkeit und die Finanzierung zwischen den Hallern und dem markgräflichen Amt in Baiersdorf ließ die Bauphase als »babylonischer Kirchturmbau« in die Geschichte des Ortes eingehen.

Das bedeutendste Kunstwerk des Gotteshauses ist wohl die Gruppe von Tonfiguren über dem Chorgestühl. Sie entstand vermutlich um 1400 in einer Nürnberger Werkstatt und zeigt Christus mit den Aposteln. Ein genauerer Blick auf die plastische Gestaltung der Haare und Bärte lohnt sich. Die Figuren waren vermutlich einst vergoldet. Bedeutsam aber macht das Kunstwerk vor allem die Tatsache, dass es als einziges in dieser Art vollständig erhalten ist.

Einzigartig ist die vollständig erhaltene Darstellung von Christus und den zwölf Aposteln aus Ton über dem Chorgestühl in der Andreaskirche.

Bevor einer von ihnen 2012 ins »Germanische Nationalmuseum« überführt wurde, schmückten zwei Dorsalien die Wände – reichverzierte Wandteppiche, vermutlich Schenkungen von betuchten Bürgern. Neben dem verbliebenen Original ist nun noch eine Nachbildung des anderen Schmuckstücks zu sehen.

Das **Hallerschloss** aus der Mitte des 14. Jahrhunderts ist heute in Privatbesitz. 1907 begann der Umbau des Schlosses für touristische Zwecke, später befand sich darin eine Gastwirtschaft, derzeit ist der Herrensitz für Publikumsverkehr aber nicht zugänglich.

Wer gut Essen möchte, der geht heute in den **Roten Ochsen**. Der Gasthof vereint traditionelle und moderne Küche, hat ein großes Küchenteam und ist im Umland mit Recht berühmt. Das Angebot ist sehr gut, wenn auch nicht ganz billig. In der Gaststube des »Metzgers« – wie die Kalchreuther den *Roten Ochsen* nennen – treffen sich Hotelgäste, Einheimische und Wanderer bei einem zünftigen fränkischen Bier.

Eine Alternative ist das altfränkische **Gasthaus Drei Linden**. In der Gaststube, im »Renzenstüberl« oder im »Lindenstüberl« sowie draußen im Biergarten werden typisch fränkische Gerichte mit saisonalen Akzenten serviert. Hier spürt man, dass auf Tradition und Qualität viel Wert gelegt wird.

Ausgewählte Adressen und Öffnungszeiten

Gräfenberg s. S. 77

Kalchreuth

Gemeinde Kalchreuth, Rathausstr. 1, 90562 Kalchreuth
Tel. 09 11/5 18 34 40, www.kalchreuth.de

St.-Andreas-Kirche, Führungen auf Anfrage:
Evang.-Luth. Pfarramt, Dorfplatz 6, 90562 Kalchreuth
Tel. 09 11/5 18 09 29, www.kalchreuth-evangelisch.de

Gaststätte am Kreuzweiher, Am Kreuzweiher 1, 90562 Kalchreuth
Tel. 09 11/95 69 26 08
März–Sep Mo, Di u. Do–So 11.00–20.00, Okt–Feb Sa u. So 11.00–20.00

Gasthaus Drei Linden, Buchenbühler Str. 2, 90562 Kalchreuth
Tel. 09 11/5 18 84 79, www.gasthausdreilinden.de
Mi–Sa 10.30–24.00, So 10.00–22.30

Zum Roten Ochsen, Weißgasse 10–12, 90562 Kalchreuth
Tel. 09 11/5 18 09 17, www.roter-ochse-kalchreuth.de
Gaststätte: Di–Fr 10.00–23.00, Sa u. So 11.00–22.00
Essenszeiten 11.30–14.00 u. 17.00–21.00 (So bis 20.00)
EZ (inkl. F) 66 €, DZ (inkl. F) 88 €

Landgasthof u. Metzgerei Meisel, Dorfplatz 1 u. 14, 90562 Kalchreuth
Tel. 09 11/5 62 69 56, www.landgasthof-meisel.de
Gaststätte: tägl. ab 9.00, EZ (ohne F) ab 34 €, DZ (ohne F) ab 58 €

Rückfahrt zum Ausgangspunkt

Vom Bahnhof Kalchreuth direkt mit dem Zug (RB) zum Bahnhof Gräfenberg

9 Ein Waldspaziergang in die Großstadt

Kalchreuth–Nürnberg (17 km)

Das liegt vor uns

Von Kalchreuth wandern wir über einen schönen Aussichtsplatz in den romantischen Kalchreuther Forst, dann durch das Tal der Gründlach und den Reichswald. Bis in die Nähe der Stadt laufen wir fast nur auf Wald- und Wiesenwegen. Schließlich gelangen wir über den Marienbergpark und die Kaiserburg in die historische Altstadt von Nürnberg.

Hier geht's lang

Wir starten auf dem **»Schloßplatz«** vor der Kirche St. Andreas in **Kalchreuth**. In der Bäckerei am Platz haben wir die Möglichkeit, uns mit Reiseproviant einzudecken. Gestärkt überqueren wir die Heroldsberger Straße. Links führt ein kleiner Weg zwischen *Metzgerei Sußner* und *Kosmetik Schiesser* abwärts. Unten angekommen, müssen wir rechts gleich wieder nach oben. Wir gelangen zur Buchenbühler Straße, gehen links und verlassen auf ihr den Ort. Bald schon biegen wir links auf einen breiten geteerten Flurweg ab. Nach einer Weile kommen wir an einen schönen Aussichtspunkt. Von hier sehen wir die Nürnberger Burg in der Ferne vor uns liegen. Der Weg führt uns wieder abwärts. Nach ein paar hundert Metern sehen wir einen Stein mit der Muschel, die uns nach rechts auf einen unbefestigten Waldweg leitet.

Unten angekommen, halten wir uns links, schließlich wandern wir immer geradeaus. Es geht talwärts – erst über breitere, unbefestigte Wege, dann über schmale Fußwege – durch einen idyllischen Wald.

Wir überqueren ein Bächlein, weiter geht es bergauf und bergab. Nun befinden wir uns mitten im Reichswald. Nach diesem romantischen Abschnitt durchs Gehölz kreuzt wieder ein etwas breiterer Waldweg den unseren – wir wenden uns nach rechts. Bei der Lichtung gehen wir wieder nach rechts. Später, bei der Kreuzung breiterer Waldstraßen, nach links.

Auf breiten Waldwegen laufen wir schließlich weiter durch den Wald. Einen knappen Kilometer nach Überquerung des Gewässers geht es rechts auf einen etwas schmaleren, aber gut befestigten Wanderweg wieder unter die Baumkronen.

Eine Weile führt daraufhin unser bequemer Wanderweg an einer geteerten Straße entlang, bis er sich mit dieser vereinigt. Wir überqueren die Straße, um links in eine breite Forststraße einzubiegen, die schnurgerade bis zum Horizont vor uns daliegt.

Beim Erreichen der großen Teerstraße geht es nach links weiter unter der Autobahn hindurch. Gleich nach der Unterführung wenden wir uns nach rechts in den Wald.

Am Rondell – und somit beim Erreichen der Straße – biegen wir nach rechts ab, überqueren die Bahnlinie und passieren die Himmelfahrtskirche **Buchenbühl**. Bei dem Neubau finden wir eine Infotafel zu unserem Pilgerweg. Wir gehen nach links, ein Stück auf einer geteerten Straße, über Ohrwaschelweg und Baiersdorfer Straße an der Bahnlinie entlang.

Nachdem wir ein kleines Waldstück durchquert haben, kommen wir auf geschotterten Wegen am weitläufigen Rollfeld vorbei. Erst hinter dem Flughafen verlassen wir Bahnlinie und Straße und biegen rechts ab, in den Wald und auf den Naturlehrpfad.

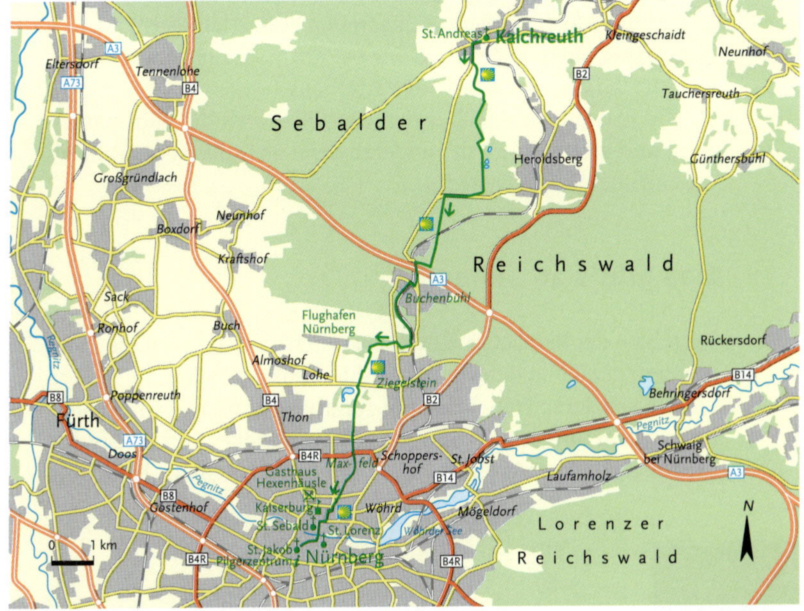

Dem Weg folgend, überqueren wir bald eine Straße, sehen dann rechter Hand den Sportflughafen, halten uns aber an der Wegkreuzung links. Schließlich wandern wir weiter geradeaus in einen Wiesengrund. Beim Erreichen des Gewerbegebietes geht es schräg rechts in eine Straße, die uns in gleicher Richtung weiterführt. Wir überqueren die große Marienbergstraße und gelangen in den Park.

Hier wenden wir uns gleich nach links. Ein paar Meter am Rand der Parkfläche entlang, ehe wir rechts abbiegen und auf einem wenig spektakulären Weg den Park durchqueren. Wer vor der Ankunft in der Stadt noch eine Rast im Grünen plant, kann selbstverständlich vom Weg aus nach rechts einen Abstecher in den schöneren Teil der Grünanlage machen.

Von jetzt ab geht es lange Zeit (mehr oder weniger) geradeaus: Unser Schotterweg wird zu einer Teerstraße, der Braillestraße, der wir folgen. An der Kreuzung geht es in gleicher Richtung schräg rechts in die »Äußere Schopenhauerstraße«.

Wir überqueren die Kilianstraße, kommen auf einen geteerten Radweg und schließlich in die Schopenhauerstraße. Auf ihr gehen wir weit in die Stadt hinein – sie wird zur Löbleinstraße. Wir passieren das blaue »U« der **U-Bahn-Station Maxfeld**. Wer hier schon nicht mehr weiterlaufen mag, kann unterirdisch bis zum »Weißen Turm« fahren.

Die anderen erreichen schließlich – nun auf der wiederum direkt anschließenden Maxfeldstraße – die kreuzende Pirckheimerstraße, ersteigen eine letzte kleine Höhe hinauf zum Maxtor und wenden sich da nach rechts in den **Vestnertorgraben**. An der Burgmauer entlang kommen wir bald zum *Hexenhäusle*, einem Biergarten im ehemaligen Torwärterhaus.

Wir spazieren links über den Graben, durch die Nürnberger Burg und gelangen auf der anderen Seite über die Burgstraße in die Nürnberger Innenstadt.

Das gibt's zu sehen

Innerhalb der **Nürnberger Kaiserburg** treten wir rechts auf die Freiung und genießen den weiten Ausblick auf die Stadt.

Wir spazieren den Burgberg hinunter, kommen am **Fembohaus**, einem Bürgerhaus aus dem 16. Jahrhundert, vorbei, das das Stadtmuseum beherbergt. Direkt darunter, in einem Haus mit

Buntes Treiben auf dem Hauptmarkt in Nürnberg: Mittags sieht man am Westgiebel der Frauenkirche das berühmte »Männleinlaufen«.

hölzernem Chörlein, befindet sich das **Café d'Azur**, in dem man provenzalische Spezialitäten genießen kann.

Ein Stück weit den Burgberg hinab passieren wir rechts die **Sebalduskirche** (13. Jahrhundert, bei Luftangriffen im Zweiten Weltkrieg

Schon nach wenigen Tagen Wanderung ist man den Lärm der Stadt nicht mehr gewohnt. Die Jakobskirche ist eine Insel des Friedens inmitten der Hektik.

weitgehend zerstört, in den Fünfzigerjahren wiederaufgebaut) mit dem berühmten Sebaldusgrab (entstanden 1508–1519) vom Erzgießer Peter Vischer dem Älteren. Links sehen wir die 80 Meter lange Fassade des **Rathauses** (entstanden in einer längeren Bauphase zwischen 1617–1622). Im »Alten Rathaus« gibt es die Möglichkeit, die mittelalterlichen **Lochgefängnisse** zu besichtigen.

Gehen wir weiter, finden wir uns gleich darauf auf dem Hauptmarkt mit dem **»Schönen Brunnen«** wieder. Das Wahrzeichen Nürnbergs stammt aus dem 14. Jahrhundert und zeigt über 40 weltliche und sakrale Skulpturen. Die Nürnberger sind übrigens überzeugt, dass die Touristenmassen, die den goldenen Messingring drehen und sich dabei etwas wünschen, irren. Für die Einheimischen ist der »wahre« Ring nämlich der schlichte Eisenring auf der gegenüberliegenden Seite.

Wer sich zufällig gegen Mittag auf dem Hauptmarkt befindet, der sollte sich das **»Männleinlaufen«** nicht entgehen lassen. Am Portal der **Frauenkirche** (Mitte des 14. Jahrhunderts) sieht man in einem Glockenspiel die sieben Kurfürsten dem Kaiser, Karl IV., huldigen. Wir wenden uns nach rechts hinauf und kommen zum beeindruckenden Hauptportal der **Lorenzkirche**. Im Inneren des reich ausgestatteten gotischen Gotteshauses sehen wir unter anderem den berühmten Engelsgruß (Anfang des 16. Jahrhunderts). Veit Stoß schuf das im Chor aufgehängte Kunstwerk, das die Skulpturen von Maria und Gabriel bei der Verkündigung in einem Kranz von 55 goldenen Rosen zeigt. Bemerkenswert ist auch das Sakramentshäuschen (1493–1496), ein Tabernakel aus Sandstein von fast 20 Metern Höhe, vom Bildhauer Adam Kraft.

Wir spazieren durch die Karolinenstraße bis zum »Weißen Turm« mit dem **Hans-Sachs-Brunnen** (1984), in Nürnberg eher als »Ehekarussell« bekannt. Er stammt von Jürgen Weber, der ebenfalls den Narrenschiffbrunnen kurz hinter dem Hauptmarkt entworfen hat – beide Brunnen stießen wegen ihrer expressiven bis obszön empfundenen Darstellung nicht nur auf Gegenliebe bei den Einheimischen.

Hinter dem »Weißen Turm« sehen wir schließlich schon die Kuppel von **St. Elisabeth** und die **Jakobskirche**. Wir betreten den schlichten sakralen Bau, betrachten den Hochaltar von 1360, einen der ältesten Nürnbergs, und gönnen uns eine Pause. Denn nun haben wir den Endpunkt unserer Wanderung von Hof nach Nürnberg erreicht.

Ausgewählte Adressen und Öffnungszeiten

Kalchreuth s. S. 87

Nürnberg

Tourist-Information am Hauptmarkt Nürnberg, Hauptmarkt 18, 90403 Nürnberg

Pilgerzentrum St. Jakob (Pilgerberatung u. Führungen)
Apr–Okt: Di–Fr 11.00–18.00 (Winteröffnungszeiten nach Nachfrage!)
Tel. 09 11/47 87 72 25, www.jakobskirche-nuernberg.de

Kirche St. Jakob, Jakobsplatz 1, 90402 Nürnberg
Mo–Sa 9.00–18.00, So 9.00–17.00

Mittelalterliche Lochgefängnisse, Rathausplatz 2, 90403 Nürnberg
Tel. 09 11/2 31 26 90, www.museen.nuernberg.de
Führungen 1. März–23. Dez (jahresabhängig) 10.00–16.30

Kirche St. Lorenz, Lorenzer Platz 1, 90402 Nürnberg
Mo–Sa 9.00–17.00, So 13.00–16.00
Führungen Mo–Sa 11.00 u. 14.00, So u. Fei 14.00

Hexenhäusle, Vestnertorgraben 4, 90408 Nürnberg
Tel. 09 11/49 02 90 95, www.hexenhaeusle-nuernberg.com
Mo–Sa 11.00–24.00, So u. Fei 11.00–21.00

Café d'Azur, Burgstr. 11, 90403 Nürnberg
Tel. 09 11/2 35 53 55, www.cafe-d-azur.de
Di, Mi u. Sa 10.00–18.00, Do u. Fr 10.00–22.00

Jugend-Hotel Nürnberg, Rathsbergstr. 300, 90411 Nürnberg
Stadtteil Buchenbühl (schöne Lage, etwas außerhalb)
Tel. 09 11/5 21 60 92, www.jugendhotel-nuernberg.de
EZ (ohne F) ab 2 Nächten (!) 30 €, DZ (ohne F) ab 2 Nächten (!) 23 € p. P.

Jugendherberge Nürnberg (direkt unterhalb der Burg), Burg 2, 90403 Nürnberg
Tel. 09 11/2 30 93 60, unterschiedliche Preisklassen

Hotel Pfälzer Hof, Am Gräslein 10, 90402 Nürnberg
Tel. 09 11/22 14 11, www.pfalzerhof.de
EZ (inkl. F) ab 26 €., DZ (inkl. F) ab 41 € p. P.

Rückfahrt zum Ausgangspunkt

Vom Nürnberger Hauptbahnhof mit der U-Bahn zum Nordostbahnhof und weiter mit dem Zug (RB) direkt nach Kalchreuth

Einst bauten die Römer schnurgerade Straßen durch die Provinz Raetien; ich nutze die Gedenksäule zu einer Rast auf dem Weg zwischen Oettingen und Nördlingen.

II.
Von Nürnberg nach Ulm

Entschleunigen Sie nicht – gehen Sie lieber wandern!

Dass unser modernes Leben voller Hektik und steigender Ansprüche ist – man will es schon gar nicht mehr schreiben. Die Klage über Stress gehört schon fast zum guten Ton, obwohl es uns objektiv besser geht als dem größten Teil der Menschheit, sowohl in ihrer Geschichte als auch in der Welt von heute.

Trotzdem ist an den Klagen etwas dran: Arbeit, Familie, Freizeit, alles will geplant sein, alles muss funktionieren, und unser eigener Anspruch an uns und unser Leben ist so hoch, dass wir uns in allen Bereichen unter Druck setzen. Aus der alten Redewendung, dass etwas »recht und schlecht« läuft – nämlich ordentlich, schlicht, ohne Probleme, eigentlich genau richtig also – ist in unserem Sprachgebrauch »mehr schlecht als recht« geworden. Es reicht uns nicht mehr, wenn unser Leben in Ordnung, einfach richtig ist; es muss schon grandios, intensiv, überbordend oder absolut perfekt – oder wenigstens atemlos, unendlich stressig, auf interessante Weise in Unordnung sein.

Kein Wunder, dass in all diesem Chaos Entschleunigung beinahe zu einem Heilsversprechen geworden ist: der Gedanke, dass man einen Gang herunterfährt, die Überholspur verlässt und gelegentlich mal wieder den Menschen findet, der sich unter dem Firnis des Geschäftsmanns, des erfolgreichen Vaters, der alles unter Kontrolle habenden berufstätigen Mutter verbirgt. Dagegen ist ja auch grundsätzlich nichts einzuwenden; die Überholspur ist nun mal nicht der Ort, wo die Luft rein und das Leben im Fluss ist. Aber leider soll diese Entschleunigung dann doch bitte schön möglichst effizient sein, schnell Resultate bringen, eine sinnvolle Kosten-Nutzen-Balance aufweisen und sich problemlos in unseren Tagesablauf integrieren lassen. Mittwoch von 18.30 Uhr bis 20.00 Uhr: Entspannung beim Yoga. Jetzt mal bitte ganz schnell abschalten, sonst wird das ja nie etwas mit der inneren Ruhe.

Warum kriegen wir das nicht mehr hin mit der Langsamkeit? Warum halten wir Langeweile nicht mehr aus, und warum packt uns entweder das schlechte Gewissen oder ein unstillbares Verlangen danach, schnell mal auf unser Handy zu starren, wenn wir denn einmal nichts zu tun haben? Wir haben unsere Lebensabläufe in zu vieler Hinsicht von ihrem ursprünglichen Zweck abgetrennt. Wir fahren mit dem Auto ins Büro, um Zeit zu sparen, und weil das wiederum bedeutet, dass wir dann zu wenig Bewegung haben, schwingen wir uns in unserer Freizeit aufs Rad oder auf den Crosstrainer oder wir gehen joggen und versuchen, möglichst schnell fit zu werden. Diese zweckgebundene Sportlichkeit tut unserem Körper zwar gut, aber wie oft macht sie Spaß? Wie oft nehmen wir beim Joggen oder beim Radfahren wirklich unsere Umgebung wahr? Es fehlt uns etwas, und abends setzen wir uns dann vor den extragroßen Flachbildfernseher und lassen uns von den atemberaubenden Bildern eines neuseeländischen »Mittelerdes« verzaubern, von einer Welt, die groß und weit und wundervoll und abenteuerlich ist – und an der wir nur mit dem Kopf teilhaben.

Wer wandern geht, der geht in erster Linie zurück in die wirkliche, die natürliche und körperliche Welt. Wandern eignet sich nicht als Mittel zum Zweck. Wenn ich an ein Ziel gelangen will, ist jede andere Fortbewegungsart schneller als pures, schlichtes Gehen. Wandern ist gesund, das stimmt, aber es gibt viel effektivere Arten, um fit zu werden. Es ist unglaublich zeitaufwendig und lässt sich nun wirklich nicht in das Zeitfenster zwischen Arbeit und Kinder-ins-Bett-Bringen pressen. Es hat nicht einmal den Reiz, irgendwie cool und chic zu sein: Ein Wanderer mit Rucksack, klobigen Schuhen und rotem Gesicht am Rande einer fränkischen Dorfstraße kann vielleicht hoffen, nicht lächerlich auszusehen, aber das ist auch schon alles. Und selbst, wenn Sie eine spirituelle Erfahrung machen oder Gott näherkommen wollen, ist vielleicht ein buddhistisches Meditationszentrum oder eine Kirche der vielversprechendere Ausgangspunkt. Nach allen Gesetzen der Effizienz ist Wandern in unserer heutigen Zeit komplett nutzlos.

Diese Erkenntnis ist der Moment, in dem der Ausbruch aus dem Getriebenwerden beginnt. Gehen Sie wandern. Nicht, um fit zu werden. Nicht, um zu entschleunigen. Nicht, um hinterher mit Ihren Erfahrungen anzugeben. Nicht, um irgendetwas zu beweisen. Gehen Sie wandern. Natürlich werden Sie Erfahrungen machen. Sie werden im Kleinen, im scheinbar Bekannten neue Dinge entdecken. Sie werden langsam werden, aber nicht nach Plan und zu einem bestimmten Zweck, sondern weil Wandern einfach dauert. Sie werden Ihren eigenen Körper und die Natur um sich herum unmittelbar wahrnehmen. Sie werden Zeit zum Denken haben. Sie werden Abenteuer erleben, und wenn es nur ein unerwarteter Regenguss ist oder eine unverhoffte Begegnung. Aber in erster Linie werden Sie wandern. Nur so. Zweckfrei. Nur dort, wo der Mensch »spielt«, wo er aktiv wird ohne Hintergedanken, ohne Kosten-Nutzen-Aufstellung, nur da, sagte Schiller, ist der Mensch wirklich Mensch.

10 Auf alten Treidelpfaden zu den Goldschlägern

Nürnberg–Schwabach (19 km)

Das liegt vor uns

Von der ehemaligen Reichsstadt Nürnberg geht es fast ohne Höhenunterschiede auf schönen Strecken durch Wälder, Felder und kleine Dörfer bis in die »Goldschlägerstadt« Schwabach. Über viele Kilometer hinweg wandern wir unter grünen Bäumen am Ludwigskanal entlang. Stadt und Autobahn wirken viel weiter entfernt, als sie es sind; der Verkehrslärm dringt oft nur wie aus der Ferne an unser Ohr – bis dann plötzlich wieder eine große Straße zu überqueren ist. Die Strecke ist grundsätzlich auch fürs Rad geeignet, sofern der Drahtesel mal den ein oder anderen etwas holprigen Waldweg packt. Zusätzlich zur Jakobsmuschel ist der Weg auch mit der blauweißen Markierung des *Albvereins* gekennzeichnet und weicht nur selten von ihr ab, sodass man sich notfalls auch an diesem (etwas häufiger vorkommenden) Zeichen orientieren kann.

Hier geht's lang

Wir beginnen unsere Wanderung stilecht an der **Nürnberger Jakobskirche**. Wer die Wanderung hier beginnt, kann sich für fünf Euro im Pilgerbüro den »Credential«, die Pilgerurkunde, ausstellen lassen. Wer schon länger unterwegs ist, erhält hier seinen Stempel für die neue Etappe. Dann aber bietet es sich an, mit den öffentlichen Verkehrsmitteln bis in die Nürnberger **Gartenstadt** zu fahren, um die unattraktiven Kilometer an den großen Straßen entlang zu vermeiden. Von der U-Bahn-Haltestelle »Weißer Turm« nimmt man die U1 (Richtung »Langwasser Süd«) bis zur Haltestelle »Frankenstraße« und dann entweder die Straßenbahn 5 (Richtung »Worzeldorfer Straße«) oder den Stadtbus 67 (Richtung »Fürth Hauptbahnhof«) und steigt an der Haltestelle **»Finkenbrunn«** aus.

Wegvariante:

Wer unter einer Allergie gegen öffentliche Verkehrsmittel leidet, unbedingt die gesamte Strecke laufen will, oder – eher wahrscheinlich – mit dem Rad unterwegs ist und deshalb für die paar Kilometer nicht mit dem Fahrrad in den Bus steigen will, nimmt von der Jakobskirche aus über den Kornmarkt den Weg zum Germanischen Nationalmuseum. Dort geht es rechts zur Stadtmauer, dann links auf den Frauentorgraben und vor dem Hauptbahnhof rechts durch die Unterführung. Von dort aus führt der Weg immer geradeaus (erst Pillenreuther, dann Katzwanger Str.) bis zur Haltestelle »Finkenbrunn«.

Die Markierung des Jakobsweges führt uns die Straße »Finkenbrunn« hinunter. Kurz nach der Bushaltestelle »Am Ludwigskanal« führt an der Fußgängerampel der Weg links am Rande der Nürnberger Gartenstadt entlang. Neben uns verläuft der im 19. Jahrhundert gebaute »Alte Kanal«, der heute nicht mehr dem Transport von Gütern, sondern der Erholung der Nürnberger Bürger dient. An einer Stelle müssen wir den Kanal verlassen, um die A 73 zu überqueren, kehren aber dann auf der anderen Seite wieder zurück, gehen unter einer Unterführung durch und geradeaus weiter am Ufer entlang. Hier wird es ländlicher und stiller, Vogelgezwitscher mischt sich in den Autolärm

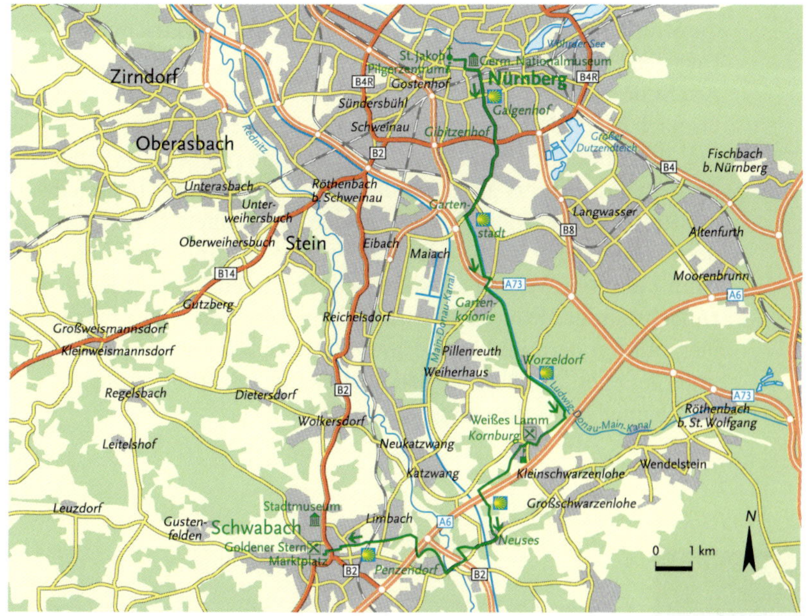

und übertönt ihn schließlich – zumindest, bis wir nach **Worzeldorf** gelangen. Hier gibt es einen Supermarkt und das Gasthaus *Zirbelstube*, das sich frische, saisonale und hochwertige Mahlzeiten auf seine – entsprechend nicht ganz billige – Speisekarte geschrieben hat.

An der Ampel überqueren wir die Worzeldorfer Hauptstraße und halten uns erneut an den Kanal, bis der Jakobsweg an der Schleuse 64 erst rechts abzweigt und dann links in den Wald hineinführt. Die Jakobsmuschel ist hier etwas spärlich verteilt, aber die blau-weiße *Albverein*-Markierung hilft im Zweifelsfall, den rechten Weg zu finden. Wir verlassen den Wald, um durch die Kellermannstraße in das Örtchen **Kornburg** zu gelangen. Am Ende der Kellermannstraße gehen wir links auf der Flockenstraße und am Gasthof *Weißes Lamm* vorbei, dann geht es erst links, bald darauf rechts zur Burg und hinter dieser über die Florentiner Straße links in die Römerstraße, die nach einiger Zeit zu einem Feldweg wird. Hinter den letzten Häusern biegt der Jakobsweg links ab und führt jenseits der Sandnelkenwiese, über die eine Tafel des *Bundes Naturschutz* informiert, rechts zurück in den Wald.

Durch das winzige **Greuth** geht es unter der Autobahnbrücke hindurch Richtung **Neuses** und bald darauf zurück in den Wald, bis wir in dem Dorf angelangt sind, wo an der Brücke die Statue eines Schäfers steht. Dort geht es rechts weiter, und nachdem wir unter der Kanalbrücke hindurch sind, überqueren wir die Straße, laufen dann links zurück in den Wald bis ins nächste Dorf (**Schwarzach**), wo es an der Bushaltestelle nach links geht. Am Ende des Dorfes folgen wir den Wegweisern zum Rednitztal bis nach **Penzendorf**, wo wir wieder eine Brücke mit Statue, diesmal die einer alten Frau, vorfinden. Dahinter geht es zweimal nacheinander rechts ab, dann den Berg hinauf und schließlich zur Abwechslung wieder einmal in den Wald hinein. Nun führt der Weg uns kurz nach links und dann rechts unter der Autobahn hindurch. Von da ab folgen wir den guten Markierungen, zunächst an der **Rennmühle** vorbei, dann durch das Gewerbegebiet und wandern im Flusstal an der Schwabach entlang, bis wir unterhalb des **Schwabacher Marktplatzes** schließlich ins Zentrum der ehemaligen Goldschlägerstadt gelangen.

Im Pilgerbüro der Nürnberger Jakobskirche gibt es den »Credencial«, den Pilgerausweis für Wallfahrer.

Der Schwabacher Marktplatz gilt als einer der schönsten der Region.

Das gibt's zu sehen

Beginnen wir mit der Nürnberger Kirche **St. Jakob** (s. auch S. 92ff.). In puncto Berühmtheit kann sie nicht mit der Lorenzkirche oder St. Sebald mithalten, ist aber dennoch einen Besuch wert. So besitzt sie wohl den ältesten erhaltenen Hochaltar Nürnbergs (um 1360 entstanden), kann aber auch im Vorraum (unter dem wachsamen Blick des Schutzpatrons) mit einer modernen Interpretation des »Camino«, des Jakobsweges, aufwarten. Die historische Bedeutung des Apostels wird sich übrigens im Verlauf der Gesamtstrecke an den vielen Jakobskirchen und -kapellen zeigen, an denen unser Weg vorbeiführen wird.

Nach den vielen Eindrücken, den Kunstwerken und dem Gedränge der Großstadt wird es, sobald die Gartenstadt und der Ludwigskanal erreicht sind, ruhiger. 90 Schleusen, 172 Kilometer: Der **Ludwig-Donau-Main-Kanal** war ein ehrgeiziges Projekt, das König Ludwig I. bereits 1825 in Auftrag gegeben hatte. Kaum fertiggestellt, fiel die 1843 eröffnete Wasserstraße aber dem Siegeszug der Eisenbahn zum Opfer. Wo im 19. Jahrhundert Lastschiffe von Pferden getreidelt wurden, liegt heute eine grüne Oase im Herzen der Stadt, die Spaziergängern, Fahrradfahrern und Joggern ein willkommenes Refugium bietet.

Das **Schloss Kornburg** im gleichnamigen Nürnberger Ortsteil ist nicht zu besichtigen; die im Mittelalter erbaute, mehrfach zerstörte und zuletzt Ende des 17. Jahrhunderts wiederaufgebaute Burg mit ihrem imposanten eckigen Wohnturm befindet sich im Privatbesitz. Allerdings gibt es durchaus Möglichkeiten, dort hineinzukommen: In der Burg ist nämlich eine Ferienwohnung eingerichtet, die man wochenweise oder auch länger mieten kann. Der Jakobspilger auf der Durchreise wird es freilich eher bei einem längeren Blick und dem ein oder anderen Foto bewenden lassen. Das traditionsreiche Gasthaus **Weißes Lamm** bietet sich mit typischen fränkischen Spezialitäten für eine kurze Rast unterwegs an.

Das Ziel der Etappe bildet **Schwabach**, die kleinste kreisfreie Stadt Bayerns, die sich mit dem Titel »Goldschlägerstadt« schmückt – nach den Handwerkern, die hier in früheren Zeiten mit Blattgold arbeiteten.

Beeindruckend ist vor allem der wunderschöne **Marktplatz** mit seinen Fachwerkhäusern und barocken Bauwerken. Von den beiden kleinen Türmen des Rathauses herab leuchten gleich zwei mit Schwabacher Blattgold verzierte Dächer, die im Zuge der Sanierung im Jahr 2001 von den Bürgern und Sponsoren der Stadt finanziert wurden.

Über die Herstellung von Blattgold unterrichtet in der Höllgasse ein kleiner **Schaupavillon** – und natürlich kann man sowohl im gegenüberliegenden Bastelgeschäft wie auch im Rathausshop Blattgold und andere glänzende Produkte kaufen. Der spätgotische Nürnberger Bildhauer **Adam Kraft**, der unter anderem das berühmte Sakramentshäuschen (s. S. 93) in der Nürnberger Lorenzkirche geschaffen hat, ist in Schwabach beigesetzt worden und hat einem der beiden dortigen Gymnasien seinen Namen gegeben.

Wer nach der langen Wanderung Hunger bekommen hat, findet in Schwabach eine Reihe passender Adressen. Am bekanntesten sind die beiden am Rande des Königsplatzes gelegenen Gasthäuser **Weißes Lamm** und **Goldener Stern** – im Ersteren hat Goethe einmal übernachtet, im Letzteren kann man fränkische Spezialitäten schon einmal mit essbarer Blattgold-Dekoration serviert bekommen. Gegenüber dem *Lamm* befindet sich außerdem ein kleines Café mit einer überschaubaren Speisekarte und dem Hinweis »Hier war Goethe … nie«. Dafür punktet Inhaberin Margit Franzke mit einer angenehmen Atmosphäre abseits des Mainstreams.

Ausgewählte Adressen und Öffnungszeiten

Nürnberg (s. auch S. 94f.)

Gasthof Weißes Lamm, Flockenstr. 2, OT Kornburg, 90455 Nürnberg
Tel. 09129/2 81 60, www.weisseslamm.de
Gaststätte: Mo–Do, Sa u. So warme Küche 11.00–14.00 u. von 17.00–21.00
EZ (inkl. F) ab 48 €, DZ (inkl. F) ab 76 €

Schwabach

Tourist-Information Schwabach, Königsplatz 1, 91126 Schwabach
Tel. 0 91 22/86 02 41, www.schwabach.de (> Schwabach erleben)
Mo–Fr 8.00–18.00, Sa 9.00–12.00

Stadtmuseum Schwabach
Museumsstr. 1 (Eingang Dr.-Haas-Straße), 91126 Schwabach
Tel. 0 91 22/83 39 33, Mi–So u. Fei 10.00–18.00 (geschl. 24./25./31. Dez u. 1. Jan)

Das Café, Königsplatz 14, 91126 Schwabach
Tel. 0 91 22/37 00, Mo, Di u. Do 8.30–18.00, Mi u. Fr 8.30–20.00, Sa 8.30–15.00

Gasthof Goldener Stern, Königsplatz 12, 91126 Schwabach
Tel. 0 91 22/23 35, www.trutschel-goldstern.de
Gaststätte: tägl. 11.00–23.00, durchgehend warme Küche bis 22.30
EZ (ohne F) ab 35 €, DZ (ohne F) ab 45 €

Pilgerherberge Schwabach, Benkendorfer Str. 9, 91126 Schwabach
Tel. 01 74/8 15 19 11, www.pilgerherberge-schwabach.de
Ankunftszeit bitte zwischen 18.00 u. 20.00 oder nach telef. Vereinbarung
Übernachtung im Gemeinschaftsschlafraum (mit Gemeinschaftsküche) gegen Spende

Rückfahrt zum Ausgangspunkt

Vom Bahnhof Schwabach direkt mit dem Zug (RE oder S-Bahn) zum Nürnberger Hauptbahnhof, von dort ggf. mit U-Bahn ins Zentrum

11 Ein Abstecher zu den Pilzen

Schwabach–Abenberg (15 km)

Das liegt vor uns

»Keine Liebe ist aufrichtiger als die Liebe zum Essen«, sagte Oscar Wilde. Doch auf diesem Streckenabschnitt sind die Einkehrmöglichkeiten eher dünn gesät, insbesondere, wenn Sie an einem Montag unterwegs sind. Ein Abstecher in der Nähe von Kammerstein bringt uns im Zweifelsfall zu einer Gaststätte, aber meine Empfehlung für diese Tour wäre es, eine üppige Brotzeit einzupacken und an einem der vielen schönen Rastplätze unter freiem Himmel zu verzehren. Ein paar kleine Steigungen wollen heute bewältigt werden, einige möglicherweise sehr sonnige Strecken liegen vor uns, und zweimal geht es über (wenig befahrene) Landstraßen. Ansonsten beeindruckt die Etappe mit Ländlichkeit, Stille und viel, viel Natur. Die Markierungen mit der Jakobsmuschel sind auf dieser Strecke exzellent; auch wenn sie auf geraden Stücken manchmal weit auseinanderliegen, sind alle möglichen Zweifelsfälle so gut ausgeschildert, dass man fast nicht fehlgehen kann. **Radfahrer** entscheiden sich an einigen Stellen besser für die Straße, anstatt der ausgewiesenen Route zu folgen, wobei mit geländetauglichen Rädern bei trockenem Wetter auch die Waldwege in Angriff genommen werden können.

Hier geht's lang

Vom **Marktplatz** in **Schwabach** aus laufen wir durch die Königstraße und biegen an der Zöllnertorstraße rechts ab, um dann an der Spitalkirche links den Weg an der Schwabach entlang zu nehmen, der uns durch die malerische Fischgrubengasse, dann über eine kleine Brücke und über eine Wiese führt. Wir überqueren die Wasserstraße und gehen geradeaus weiter, bis der Jakobsweg links über die Felder abbiegt. Nach einer kleinen Brücke halten wir uns wieder rechts und gelangen in den Ortsteil **Unterreichenbach**, wo wir den Dorfplatz mit Brunnen überqueren und dann den Albersreuther Weg nehmen, vorbei am *Gasthaus Spachmüller*, der uns schließlich an Obstwiesen vorbei aus dem Dorf hinausführt.

Vogelgesang und Wind begleiten uns auf einem Weg, der zunächst einmal immer stiller wird. Wir wählen einen mit Bäumen gesäumten Pfad, der uns schließlich zum Wald bringt, den wir auf einer breiten, sonnigen Schneise durchqueren. Der lauter werdende Autolärm weist auf die näherkommende A6 hin, die überquert werden muss, ehe wir das langgezogene Dorf **Haag** erreichen. Das Gasthaus *Meyerle* an der B446 öffnet erst um 17.00 Uhr und eignet sich somit nur bedingt für Wanderer, die noch eine gute Strecke vor sich haben. Unser Weg führt nun zunächst leicht links über die Bundesstraße und dann rechts in die Austraße, der wir einmal links, einmal rechts so lange folgen, bis wir jenseits des Dorfes zwischen Fischteichen und Wald schließlich auf den **»KammerSTEINPILZpfad«** stoßen. Der erste Lehrpfad seiner Art erklärt auf zehn – »Pilznester« genannten – Infotafeln alles Wissenswerte über die Sporenpflanzen – und die vielen Sitzbänke und Pilzskulpturen laden dazu ein, die müden Füße auszuruhen und die Brotzeit auszupacken.

Beim Pilznest Nummer drei geht es schließlich links in den Wald (Radfahrer können stattdessen dem Pfad via Kammerstein bis nach Neppersreuth folgen). Der Pfad führt uns an einer kleinen, im Jahr 2013 geweihten Jakobuskapelle vorbei und nach **Neppersreuth**, wo wir uns links halten und jenseits des Dorfes ein Stück weit der – glücklicherweise wenig befahrenen – Landstraße folgen. Sie endet an einer deutlich größeren Landstraße, die wir überqueren, um dann weiter auf einem Feldweg zu wandern. (Rechts führt ein Abstecher in das ein Kilometer entfernte Dorf **Poppenreuth**, wo Einkehrmöglichkeiten bestehen. Diese Alternativroute ist ebenfalls ausgeschildert.)

Über weite, einsame Felder geht unser Weg, bis er links in einen kleinen Waldpfad mündet, wo wir kurz darauf an einer Gabelung rechts auf ein paar Häuser zugehen. Im Ort folgen wir erst dem Wegweiser Richtung Haubenhof und gehen wieder ein Stück die Landstraße entlang, ehe wir erneut links in einen Waldweg abbiegen, der uns unter gelegentlichen Richtungswechseln schließlich wieder ins Freie führt. Sobald wir den Wald hinter uns gelassen haben, ist in der Ferne schon die Silhouette der Stadt **Abenberg** mit Kirchturm und Burg zu sehen, auf die wir, das Ziel der heutigen Etappe vor Augen, zulaufen, bis wir über die Straße links schließlich durch das **Stadttor** den Kern des mittelalterlichen Städtchens erreichen.

Das gibt's zu sehen

Die heutige Tour ist, bis wir Abenberg erreichen, reich an Landschaft, aber relativ arm an anderen Sehenswürdigkeiten. Treten

Auf einsamen Wanderwegen geht es Richtung Haag.

Sie unterwegs auf jeden Fall in die **Kammersteiner Jakobskapelle** ein – sie liegt an einer der wenigen historisch gesicherten Jakobswegstrecken in Franken. 2013 eingeweiht, ist der hölzerne Bau ein Ort der Besinnung, der Einkehr und der Naturverbundenheit unter Bäumen. Die breiten Lücken zwischen den hölzernen Balken verbinden Innen- und Außenraum miteinander, machen die Kapelle zu einem Teil des Waldes, in dem sie steht.

Die mächtige **Burganlage** der Stadt **Abenberg** grüßt die Pilger schon von Weitem. Darin befinden sich nicht nur die beiden Museen des Ortes, sondern auch ein Hotel mit Gaststätte. Der mittelalterliche Turnieranger ist noch heute zu besichtigen – der Minnesänger und Epiker Wolfram von Eschenbach erwähnte ihn um das Jahr 1200 in seinem *Parzival*.

Die malerischen Türme der Burg hingegen sind erheblich jüngeren Datums: Sie sind der Mittelalterromantik des 19. Jahrhunderts geschuldet. Wer sich heute davon überzeugen will, was an der Vorstellung von edlen Rittern und schönen Burgfräulein dran ist, der kann im **Haus der fränkischen Geschichte** Kettenhemd und Helm probieren sowie Schwerter schwingen und dabei etwas über das Leben auf der Burg lernen (oder einfach nur den inneren Burgromantiker von der Leine lassen). Im **Klöppelmuseum** hingegen steht alles im Zeichen von feiner Spitze, Abendkleidern und liturgischen Gewändern. Die uralte Technik des Klöppelns kann man hier selbst ausprobieren und so eintauchen in die Geschichte heute fast vergessener Handwerkspraktiken …

Wenn Sie Glück haben, erreichen Sie Abenberg gerade am Tag eines der monatlich stattfindenden **»Krimidinner«**. Doch auch zu »normalen« Zeiten kann man im ausgezeichneten **Burgrestaurant** *MUNDart* den Abend ausklingen lassen.

Die größte Tochter der Stadt ist die 1927 seliggesprochene **Stilla von Abenberg**, die um 1140 herum geborene Tochter eines der Grafen von Abenberg. Der **Brunnen** am Marktplatz erinnert an die mittelalterliche Adelige, die der Macht und dem Reichtum entsagte, um sich in Demut und Barmherzigkeit zu üben. Schon bald nach ihrem Tod begannen Wallfahrer zu dem von ihr gestifteten Peterskirchlein zu wandern. Heute noch ist Stilla ein gebräuchlicher Mädchenname in der Diözese, und im Juli pilgern Gläubige aus der Umgebung zum »Stillafest«. Im Sommer lädt der **Naturbadeweiher** der Stadt Abenberg am südlichen Ortsausgang (Richtung Spalt) zum Baden und Entspannen ein.

Ausgewählte Adressen und Öffnungszeiten

Schwabach s. S. 107

Kammerstein

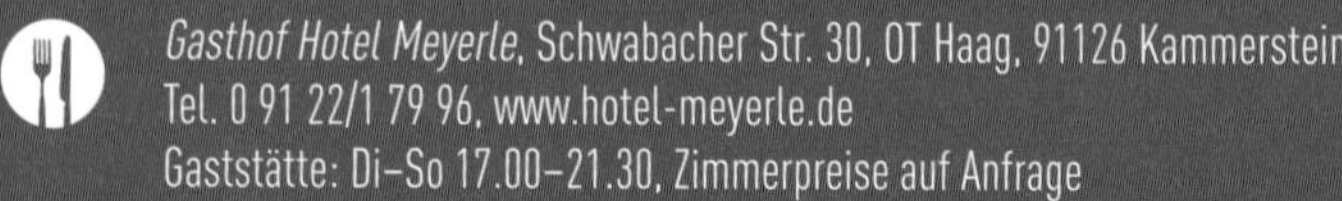

Gasthof Hotel Meyerle, Schwabacher Str. 30, OT Haag, 91126 Kammerstein
Tel. 0 91 22/1 79 96, www.hotel-meyerle.de
Gaststätte: Di–So 17.00–21.30, Zimmerpreise auf Anfrage

Abenberg

Stadt Abenberg, Stillaplatz 1, 91183 Abenberg
Tel. 0 91 78/9 88 00, www.abenberg.de (> Tourismus)
Rathaus Mo–Fr 8.00–12.00, Do zusätzlich 13.30–18.00

Museen Burg Abenberg, Burgstr. 16, 91183 Abenberg
Tel. 0 91 78/9 06 18, www.museen-abenberg.de
März, Nov u. Dez Do–So 11.00–17.00, Apr–Okt Di–So 11.00–17.00

Landhaus Kaiser, Windsbacher Str. 32, 91183 Abenberg
Tel. 0 91 78/9 98 08 90, www.kaiser-landhaus.de
Gaststätte: Di–Do ab 17.00, Fr u. Sa ganztägig geöffnet, So ab 14.30
fränkische Küche mit Spezialitäten wie Karpfen und Forelle
Zimmerpreise auf Anfrage

Hotel Burg Abenberg, Burgstr. 16, 91183 Abenberg
Tel. 0 91 78/98 29 90, www.hotel-burg-abenberg.de
Restaurant MUNDart: Di–Sa 12.00–14.00 u. 18.00–21.30, So 12.00–14.00
Zimmerpreise auf Anfrage

Ferienhaus Einzinger, Schwabacher Str. 9, 91183 Abenberg
Tel. 0 91 78 / 59 47, www.ferienhaus-einzinger.jimdo.com
direkt unterhalb der Burg, Vermietung auch für nur eine Nacht möglich
Ferienhaus für bis zu 7 Pers., Zimmerpreise auf Anfrage

Ferienwohnung Helga May, Windsbacher Str. 45, 91183 Abenberg
Tel. 0 91 78/8 58, www.fewo-may.de, Ferienwohnung ab 31 € für 2 Pers.

Tipp für einen Abstecher

Poppenreuth:
Eine der wenigen Einkehrmöglichkeiten auf dieser an Gasthäusern armen Strecke liegt hinter Neppersreuth ca. 1 km abseits des Jakobsweges. Der Abstecher ist ausgeschildert, der Gasthof hat allerdings auch nur von Donnerstag bis Sonntag offen!

Landgasthof Zum grünen Tal, Poppenreuth 5, 91126 Kammerstein
Tel. 0 91 22/22 85, Do–So 11.00–21.00
Zimmerpreise auf Anfrage

Rückfahrt zum Ausgangspunkt

Haltestelle Abenberg »Marktplatz«, Bus 607 Richtung Schwabach Bhf.
Achtung: Der letzte Bus geht Mo–Fr um 17.23 (Sa um 12.18, also für Pilger kaum zu schaffen). Ansonsten Anrufsammeltaxi unter Tel. 0 91 22/1 94 48 oder Tel. 0 91 71/1 94 48 mind. 60 Min. vor Abfahrt vorbestellen

12 Auf und ab von Burg zu Burg

Abenberg–Kalbensteinberg (15 km)

Das liegt vor uns

Wir nähern uns dem Fränkischen Seenland und erleben auf dieser Etappe eine abwechslungsreiche, ruhige Strecke. Gut markierte Feld- und Waldwege wechseln sich ab mit kleinen Bauerndörfern. Gleichzeitig streifen wir die »Burgenstraße«, die uns in die Nähe des Wasserschlosses Dürrenmungenau und am Ende der Etappe zur Burg Wernfels bringt. Erstmals haben wir auf dieser Tour auch einige Auf- und Abstiege zu bewältigen.
Radfahrer nutzen anstelle einiger schlecht befahrbarer Waldwege Ausweichstrecken über die Landstraßen.

Hier geht's lang

An der **Jakobuskirche** in **Abenberg** biegen wir rechts in einen kleinen Weg ein, der uns bald auf die Felder hinter dem Städtchen und an einem alten Friedhof vorbeiführt. Wir überqueren die Landstraße und folgen einem Feldweg bis zu einem weißen Kreuz, einem Kreuzungspunkt alter Straßen, wo es halb rechts weitergeht, am Waldrand entlang bis ins Dorf **Dürrenmungenau**. Entlang der Steinbacher Straße laufen wir, biegen links in die Dorfstraße ein, um dann gleich rechts auf dem Dorfanger weiterzugehen und die Siedlung wieder zu verlassen.

Bald hinter den letzten Häusern nehmen wir an einer Weggabelung die linke Abzweigung, die durch die Felder auf den Wald zu und durch ihn hindurchführt. Im Wald behalten wir die Richtung bei und kommen so schließlich in die Siedlung **Beerbach**, wo wir, schon wieder fast am Ortsende, an einer Kreuzung rechts abbiegen und so nach einer Weile zu einer Gabelung kommen, wo wir erneut die rechte Abzweigung nehmen, die ziemlich geradeaus weiterführt. Achten Sie auf das steinerne »Wolfskreuz« am Weg, wo der Sage nach dereinst eine Magd von einem Wolf angegriffen und getötet worden sein soll. Wir folgen übrigens gerade der sogenannten »Judenstraße«, auf der die Juden in früheren Zeiten ihre Toten zum jüdischen Friedhof in Georgensgmünd bringen mussten. Sie führt uns wieder einmal zurück zum Waldrand, wo es an einer Wegkreuzung links weitergeht, über den Beerbach und weiter zur **Pflugsmühle**, einem bekannten Biergarten (mit »Scheune« für Regentage), der mit dem Slogan »Fränkischer wird's nicht« wirbt.

Beim Lokal geht es rechts weiter auf der Landstraße. Wir überqueren die Fränkische Rezat und am Waldrand die Landstraße zwischen Wassermungenau und Wernfels, gehen geradeaus in den Wald hinein, auf einem Weg, der einmal einen weiten Links- und dann einen Rechtsbogen schlägt. Wenn wir den Wald hinter uns gelassen haben, gehen wir geradeaus übers Feld weiter, folgen einem Linksbogen und gelangen – an einem Sportplatz vorbei und über den Pflugsmühler Weg hinein – nach **Wernfels**. Am Dorfplatz gabelt sich die Straße – rechts geht es zur Burg und zur *Jugendherberge Wernfels*.

Wer direkt weiter nach Kalbensteinberg wandern will, geht links und über einen Fußweg steil nach **Theilenberg** hinauf. Am Ortsausgang geht es Richtung Wald weiter, dort folgen wir an einer Weggabelung dem linken Pfad, der uns durch das Waldstück führt, dann über die Landstraße (St 2723) hinüber und jenseits

Auch in Abenberg grüßt uns wieder der Pilgerpatron St. Jakob.

davon etwas versetzt wieder in den Wald hinein – und aufwärts. Wir erreichen so ein Hochplateau, von dem aus es über offene Felder und Obstgärten bis nach **Kalbensteinberg** geht.

Das gibt's zu sehen

Im Jahr 1278 wurde **Schloss Dürrenmungenau** erstmals schriftlich erwähnt – ursprünglich handelte es sich lediglich um ein befestigtes Haus zur Verteidigung gegen Feinde. Heute kann der Jakobspilger bei Dürrenmungenau einen Abstecher zum barocken Wasserschloss machen, das in den Zwanzigerjahren des 18. Jahrhunderts anstelle der im Dreißigjährigen Krieg verwüsteten Veste erbaut wurde. Das Wasserschloss ist zwar nur von außen zu besichtigen, allerdings sind die Lindenallee und die Parkanlagen – ebenso wie die Fassade und die Zwiebeltürme am Tor – sehenswert. Seit 2010 beherbergt die Anlage jedes Frühjahr die »Gartenlust«-Messe mit rund 140 Ausstellern, Gartenexperten und einem umfangreichen Rahmenprogramm.

Die Notwendigkeit für eine Festung und die Existenz einer **Jakobuskirche** im Ortskern – seit Nürnberg haben wir ja schon mehrere davon gesehen – erklärt sich dadurch, dass Dürrenmungenau an einer wichtigen mittelalterlichen Fernstraße lag. Neben dem barocken Altar im Inneren, der die Kreuzigung Christi zeigt, hat die kleine Pfarrkirche auch noch einen schmucken Fachwerkturm aufzuweisen. Im Jahr 2014 feierte die Gemeinde das 400-jährige Bestehen des Gotteshauses mit der Einweihung von vier neuen Bronzeglocken.

So mancher Wanderer aus dem fränkischen Raum dürfte **Burg Wernfels** noch aus seiner Schulzeit in Erinnerung haben: Die in der zweiten Hälfte des 13. Jahrhunderts entstandene Höhenburg gehört seit dem Jahr 1925 dem *CVJM-Landesverband Bayern* und wird als Jugendherberge mit 220 Betten auch gerne für Schullandheimfahrten genutzt. Wir befinden uns jetzt am Ende dieser Etappe nicht nur im Fränkischen Seenland, sondern gleichzeitig auch auf der geschichtsträchtigen »Burgenstraße«, die zwischen Prag und Mannheim an über 90 Burgen, Schlössern und Ruinen entlangführt. Von Wernfels aus können wir zurückblicken nach Abenberg – von einer Burg zur anderen.

Am Ende der Tagesetappe finden wir uns in **Kalbensteinberg** mit seiner markanten **Rieterkirche St. Marien und Christophorus** wieder. In vorreformatorischen Zeiten war die »Kalber Kirch« eine Wallfahrtskirche. Hans Rieter, nach dem das Gotteshaus benannt ist, beauftragte den Bau im Jahr 1464. Der Familie Rieter ist es auch zu verdanken, dass Kunstschätze wie der Renaissance-Hochaltar in der Reformationszeit nicht zerstört wurden, auch wenn die Madonna, der die Wallfahrt gegolten hatte, hinter einem neuen, dem evangelischen Glauben entsprechenden Altarbild verborgen wurde.

Wen die vielen Kirchen und Burgen (oder der lange Fußmarsch) durstig gemacht haben, der findet in Kalbensteinberg im **»Schnapshaus«** Abhilfe. Seit 1912 gibt es dort – neben der Mosterei – auch eine Schnapsbrennerei, in der Kirsch- und andere Obstbrände sowie Liköre hergestellt werden, die sich auch durchaus als Mitbringsel eignen.

Ausgewählte Adressen und Öffnungszeiten

Abenberg (s. auch S. 112)

Die Pflugsmühle, Pflugsmühle 1b, 91183 Abenberg
Tel. 0 98 73/9 79 80, www.pflugsmuehle.de
Mo–Fr ab 13.00, Sa ab 11.00, So ab 10.00
mit Biergarten, deftige fränkische Brotzeiten u. lokale Biere

Gasthaus und Gästehaus Lupinenhof
Dorfstr. 11, OT Dürrenmungenhof, 91183 Abenberg
Tel. 0 98 73/9 79 00, www.lupinenhof.de
Gaststätte: Öffnungszeiten vorher telefonisch erfragen!
EZ (inkl. F) 30 €, DZ (inkl. F) 50 €

Spalt

Jugendherberge Burg Wernfels, Burgweg 7–9, OT Wernfels, 91174 Spalt
Tel. 0 98 73/97 61 20, www.wernfels.de
Übernachtung mit *DJH*-Ausweis
EZ/DZ (inkl. F) ab 23 € p. P., Mehrbettzimmer (inkl. F) 17,80 €
Pers. über 27 Jahre Aufschlag 4 €

Absberg

Tourist-Information Absberg, Hauptstr. 31, 91720 Absberg
Tel. 0 91 75/17 10, www.absberg.de (> Tourismus)
Apr–Okt Mo–Fr 9.00–12.00, Mi zusätzl. 18.00–19.00
Juli u. Aug zusätzl. Mo 13.00–16.00, Ende Juli–Mitte Aug zusätzl. Sa 14.00–16.00
Nov–März Mo–Do 9.00–12.00, Mi zusätzl. 18.00–19.00

Rieterkirche St. Marien und Christophorus, Kalbensteinberg 70, 91720 Absberg
Besichtigung nur nach telef. Absprache. Tel. 0 98 37/2 33 (Pfarrer Martin Geisler)

Brennerei Kalbensteinberg, Kalbensteinberg 122, 91720 Absberg
Tel. 0 98 37/2 30, www.brennerei-kalbensteinberg.de
Di 19.30–20.30, Sa 10.00–11.30 u. nach telef. Vereinbarung

Gasthof Zur Post, Kalbensteinberg Nr. 1, 91720 Absberg
Tel. 0 98 37/2 83, www.gasthof-zur-post-kalbensteinberg.de
Gaststätte: Öffnungszeiten telefonisch erfragen, Übernachtung (inkl. F) ab 24 € p. P.
schöne Zimmer und gutes Essen

Die Ferienwohnung von Thomas u. Ingrid Köhnlein liegt direkt am Jakobsweg:
Kalbensteinberg 144, 91720 Absberg, Tel. 0 98 37/7 75
Wohnung (bis 4 Pers.) 37 € (Nebensaison 29 €), DZ ab 25 €

Rückfahrt zum Ausgangspunkt

Eine Rückfahrt von Kalbensteinberg nach Abenberg ist möglich, aber relativ umständlich.
Die einfachste Verbindung ist mit Regionalbus 631 Richtung Roth, Ausstieg in Spalt, und dann mit Bus 607 Richtung Schwabach nach Abenberg – Bedarfshaltestelle, deshalb mind. 60 Min. vor Abfahrt Anmeldung unter Tel. 0 91 75/3 52

Auf Wald-, Feld- und Abwegen 13

Kalbensteinberg–Gunzenhausen (16 km)

Das liegt vor uns

Falls Sie der Meinung sind, zum Wandern gehöre es dazu, auch mal in die Irre zu gehen, empfehle ich dafür diese Tour. Schöner als in den Wäldern und auf den offenen Höhenzügen über den fränkischen Seen kann man sich nämlich kaum verlaufen. Wer allerdings rechtzeitig in dem schmucken Städtchen Gunzenhausen eintreffen will, um sich dort in Ruhe umzusehen, der achtet hier etwas genauer auf die Wegzeichen und überprüft die Richtung gelegentlich anhand der Wegbeschreibung. Der Jakobsweg führt durch eine Reihe kleiner Dörfer und an diversen Gasthäusern vorbei; es empfiehlt sich aber, deren Öffnungszeiten zuvor noch einmal telefonisch zu überprüfen, um zu verhindern, dass man hungrig vor verschlossenen Türen steht.

Hier geht's lang

Von der **Rieterkirche** in **Kalbensteinberg** aus geht es am *Gasthaus zur Post* rechts, dann links auf die Landstraße Richtung Igelsbach. Auch wenn auf halber Strecke ein schöner Feldweg rechts abbiegt und eine Jakobsmuschel den unaufmerksamen Wanderer dazu verführen will, ihn einzuschlagen: Wir bleiben auf der Landstraße bis wir hinunter nach **Igelsbach** kommen, wo der Weg vor dem Feuerwehrhäuschen links abzweigt. Weiter geht es rechts Richtung Gunzenhausen, vorbei am *Gasthaus zur Linde* und auf eine einsamen Asphaltstraße, die sich einen Höhenzug emporklimmt und vor dem Wald links abbiegt. Wir stoßen auf die Landstraße, halten uns links und durchqueren das Dorf **Geiselberg**. Dort führt uns eine ebenfalls kaum befahrene Straße rechts wieder den Berg hinunter, nachdem wir von oben einen Blick auf den nahe gelegenen »Kleinen Brombachsee« erhaschen konnten.

Radler folgen dieser Straße bis zum Ende und nehmen dann die Abzweigung rechts nach **Brombach**. Der breite Feldweg, den die Wanderer nehmen, führt in einem weiten Bogen am

Waldrand entlang zurück zur Straße, die überquert wird. (Wenn man versäumt, die Straße zu überqueren, sollte man zumindest mitdenken und rechts gehen, anstatt sich – wie ich damals – gedankenverloren Richtung Absberg aufzumachen und erst nach eineinhalb Kilometern zu merken, dass man schon lange keine Jakobsmuschel mehr gesehen hat.) Auf der anderen Straßenseite halten wir wieder auf den Wald zu, wo es erst kurz links geht, dann aber rechts direkt auf das Örtchen Brombach zu.

An einer kleinen Kapelle vorbei verlassen wir das Dorf wieder und folgen links dem Wegweiser nach **Frickenfelden** auf einer breiten, ungeteerten Straße durch den Wald. Dort angekommen, passieren wir einen alten Glockenturm mit Anbau, gehen auf der Straße geradeaus ein Stück weit Richtung Oberasbach, um dann rechts in den Wald einzubiegen, den wir erst am Ortsrand von Gunzenhausen wieder verlassen werden.

Diese letzten Kilometer durch den Wald sind für Räder – trotz des anfangs breiten Weges – nicht passierbar; Radfahrer nehmen in Frickenfelden die Straße nach Gunzenhausen. Wanderer finden sich eine Zeit lang auf einem unbefestigten Weg, der zwischen Bäumen hindurchführt und folgen, wo die Jakobsmuschel nicht zu sehen ist, den blau-weißen Markierungen des *Albvereins*. Nach dem verwunschen wirkenden ersten Teil geht es an den Stationen des »Limesweges« vorbei auf die Spuren der

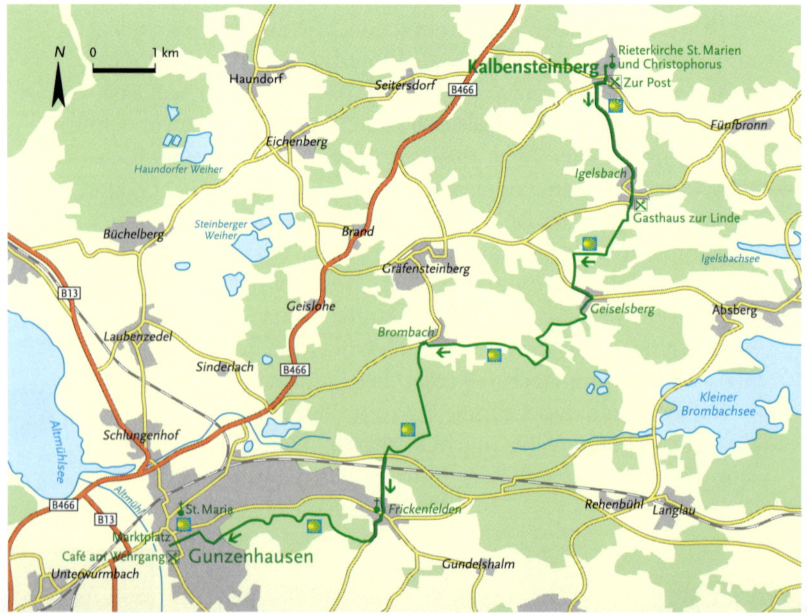

Das Fränkische Seenland liegt uns zu Füßen, nachdem wir das Dorf Geiselberg verlassen haben.

alten Römer. Wir verlassen den Wald unmittelbar am Rand von **Gunzenhausen** und folgen den Wegweisern, kommen dabei am Friedhof vorbei und gelangen nach einem Abstecher zum Storchenturm zum **Marktplatz**.

Das gibt's zu sehen

Auf den ersten zehn Kilometern dieser Strecke dominieren schöne, offene Landschaften, Wälder und winzige Dörfer, in denen es zwar das ein oder andere interessante Gebäude gibt, aber wenige Gelegenheiten für echtes Sightseeing. **Brombach** ist ein zu Haundorf gehörendes Dorf, kaum mehr als ein Weiler, in dem eine **kleine Kirche** steht, die Johannes dem Täufer geweiht ist und eine Statue des heiligen Veit aus dem 15. Jahrhundert enthält. Der Vorgängerbau aus dem 13. Jahrhundert war wohl dem

Im Schatten des Färberturms in Gunzenhausen laden Geschäfte und Cafés zum Stadtbummel ein.

Pilgerpatron Jakobus gewidmet und wurde im Dreißigjährigen Krieg zerstört; das aktuelle Gebäude stammt aus dem Jahr 1754.

In **Frickenfelden** lohnt sich ein Blick auf den **Glockenturm** mit einer Wetterfahne von 1880, dessen Anbau in den Neunzigerjahren zu einer Kapelle umgestaltet wurde. Ähnlich den Gasthäusern kann man aber in beiden Fällen nicht unbedingt damit rechnen, sie geöffnet vorzufinden, sodass ein Blick von außen unter Umständen genügen muss.

Im ersten Jahrhundert nach Christus legten römische Truppen nördlich der Donau Grenzanlagen an. Um 160 n.Chr. entstand mit dem **»Obergermanisch-Rätischen Limes«** die letzte und nördlichste Grenze der römischen Provinzen Rätien und Obergermanien. Unmittelbar vor Gunzenhausen finden sich im Wald die rekonstruierten Überreste mehrerer solcher Grenzanlagen samt Informationstafeln, und auf dem »Hinteren Schloßbuck« wurde 1901 mit Steinen aus der alemannischen Mauer und des Römerkastells ein imposantes Steindenkmal errichtet, an dem auch der Jakobsweg vorbeiführt.

Gunzenhausen am Altmühlsee ist ein staatlich anerkannter Erholungsort, der vor allem mit seinem charmanten **Marktplatz** samt den bunten Barockhäusern, dem mittelalterlichen Wehrgang und den noch vorhandenen Stadttürmen besticht. Die spätgotische, Maria geweihte **Stadtkirche** am Färberturm steht an der Stelle des einstigen Römerkastells, das der Sicherung des Limes und der nahen Altmühlfurt diente. Später befand sich dort ein Benediktinerkloster. Der heutige, von Weitem sichtbare Bau mit seinem hohen, viereckigen Turm stammt aus dem 15. Jahrhundert, enthält aber noch ältere Elemente des Vorgängerbaus, etwa im Untergeschoss des Turms, das aus romanischen Zeiten stammt. Vor dem Gotteshaus findet sich eine **Bronzestatue des heiligen Jakobus**, der die Attribute der Pilgerschaft trägt: Pilgerhut, Stab und Muschel. Das Stadtbild von Gunzenhausen wird geprägt durch die Reste der **Stadtbefestigung** mit drei noch bestehenden Türmen. Außerdem haben sich in dem Ort eine Reihe kleiner Läden und Lokale erhalten, die ein gewisses Flair ausstrahlen und sich dem Einerlei immer gleicher Ladenketten entziehen. Käse und Wein laden im **Käseladen** zu einem Einkauf ein, in der **Töpferei** am Färberturm gibt es unter anderem Pilgerbecher zu kaufen (und sachkundige Informationen zu allen Jakobswegfragen); das **Café am Wehrgang** lockt zudem mit einer Auslage ausgesprochen lecker aussehender Kuchen und Torten.

Ausgewählte Adressen und Öffnungszeiten

Absberg (s. auch S. 119f.)

Gasthaus zur Linde – Pension Igelsbach, Igelsbach 26, 91720 Absberg
Tel. 0 98/2 74, www.pension-igelsbach.de
Gaststätte: Mo–Mi ab 17.00, Fr–So 10.00–14.00 u. ab 17.00
Hauptsaison DZ (inkl. F) ab 37 € p. P.

Gunzenhausen

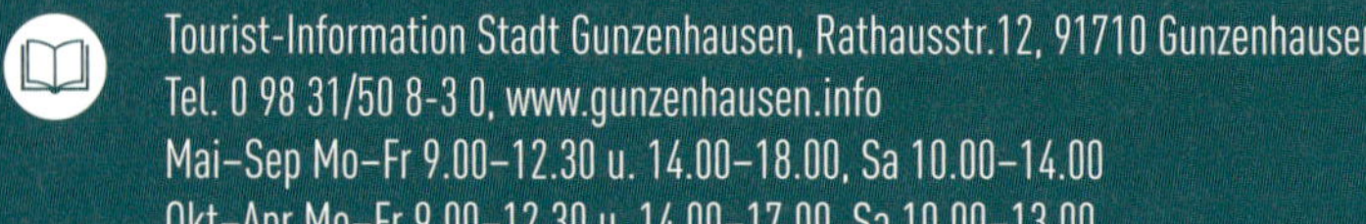

Tourist-Information Stadt Gunzenhausen, Rathausstr.12, 91710 Gunzenhausen
Tel. 0 98 31/50 8-3 0, www.gunzenhausen.info
Mai–Sep Mo–Fr 9.00–12.30 u. 14.00–18.00, Sa 10.00–14.00
Okt–Apr Mo–Fr 9.00–12.30 u. 14.00–17.00, Sa 10.00–13.00

Weitere Informationen zum »Limeswanderweg«: www.limeswanderweg.de

Töpferei & Kunsthandwerk am Färberturm, Kirchenstr. 4, 91710 Gunzenhausen
Tel. 0 98 31/8 09 07, Mo, Di, Do u. Fr 10.00–17.00, Mi 15.30–17.30, Sa 10.00–12.30

Gasthaus Lehner – Zum Storchennest, Weißenburger Str. 24, 91719 Gunzenhausen
Tel. 0 98 31 /8 93 03, lehner-zumstorchennest.de, Di–Sa ab 17.00
In dem urigen Gasthaus mit Biergarten u. fränkischer Küche kann man in der »Römischen Waffenkammer« das Armbrustschießen üben, 6 € für 3 Probe- u. 3 Wertungsschüsse

Der Käsladen, Kirchenplatz 7, 91710 Gunzenhausen
Tel. 0 98 31/8 83 51 77, www.der-kaesladen.de
Mo–Fr 9.00–18.00, Sa 8.00–13.00

Café am Wehrgang, Weißenburger Str. 15, 91710 Gunzenhausen
Tel. 0 98 31/20 81, www.cafeamwehrgang.de, wechselnde Öffnungszeiten
DZ (inkl. F) ab 74 €

Rückfahrt zum Ausgangspunkt

Vom Bahnhof Gunzenhausen mit Bus 637 Richtung Igelsbach/Absberg bis Kalbensteinberg
Sa, So u. abends (nach 17.45) mit Anrufsammeltaxi (AST), vorbestellen mind. 60 Min. vor Abfahrt unter Tel. 0 98 33/98 88 93

Buen camino!

Mein Santiago-Tagebuch ist ein blauer Notizblock, nicht größer als ein *iPhone 5*, und bis zur Mitte eng beschrieben in einer winzigen, aber erstaunlich ordentlichen Handschrift. Mit »12.7.2003« ist der erste Eintrag überschrieben. Natürlich hatte ich damals noch gar kein *iPhone*. Und auf dem Weg nach Santiago de Compostela auch sonst nicht viel dabei. Hape Kerkelings Jakobsweg-Bestseller aus dem Jahr 2001 sollte ich erst ein paar Jahre später lesen, aber mir ging es ähnlich wie dem Entertainer: Ich war »dann mal weg«, zusammen mit meiner Mutter und meiner Schwester, und keine von uns wusste so ganz genau, wie es eigentlich dazu gekommen war. Das war unsere erste große Erkenntnis in Sachen Pilgern: Der erste Schritt auf dem Weg findet statt, lange bevor man seine Wanderschuhe schnürt (oder, wie in unserem Fall: zum ersten Mal im Outdoorshop anprobiert).

Wir waren Wandernovizinnen, die eines Morgens im nordspanischen Ponferrada übernächtigt aus dem Zug stiegen, um die letzten 200 Kilometer des Jakobsweges nach Santiago zu laufen. Wir hatten keine Ahnung, worauf wir uns eingelassen hatten, und das war auch ganz gut so. Spirituelle Erfahrungen? Selbstfindung? Große Erleuchtungen? Monumentale Begegnungen? Mitnichten! In den ersten drei Tagen wurden wir zurückgeworfen auf die elementarsten Fragen des Menschen: Wann gibt es etwas zu essen? Wo ist die nächste Toilette? Wo werden wir heute Nacht schlafen? Wir waren müde, hungrig und schlecht gelaunt, und unsere Aufmerksamkeit wurde vor allem vom Gewicht des Rucksacks, drückenden Schuhen und schmerzenden Schultern absorbiert.

Beim Wiederlesen meines Wandertagebuchs denke ich an dieser Stelle plötzlich an die Flüchtlingsströme des Jahres 2016: Menschen, tatsächlich zurückgeworfen auf die elementarsten Bedürfnisse, auf der Suche nach Nahrung und Schutz sowie nach dem bisschen Würde, das sich etwa in einer sauberen Toilette und der Möglichkeit, sich zu waschen, manifestiert.

Die großen geistigen Erfahrungen auf dem Jakobsweg kamen für uns erst, nachdem wir erkannt hatten, wie stark wir von den materiellen Faktoren abhängig waren. Und da wir nur für zwei Wochen aus unserem »normalen« Leben ausgebrochen waren und genau wussten, dass wir ein Zuhause hatten, in das wir zurückkehren würden, fanden wir in den kleinen Entbehrungen und Unsicherheiten irgendwann auch eine Befreiung: nämlich die Erkenntnis, wie wenig man eigentlich braucht. Jeden Tag alles dabeihaben, was wirklich nötig ist, und nicht mehr als das. Sich auf das Wesentliche konzentrieren: gehen, essen, trinken, schlafen, wahrnehmen, was um uns herum zu sehen ist. Einen ganzen Tag brauchen für eine Strecke, über die man mit dem Auto nicht einmal nachdenkt. Ein

Bett finden. Anderen Pilgern begegnen. Plötzlich ein Gefühl von Leichtigkeit erfahren, als ob der Rucksack auf dem Rücken überhaupt nichts mehr wiege und man einfach immer weiterlaufen könne. Die Langeweile eines schläfrigen Nachmittags in einem winzigen Dorf aushalten, in dem man übernachten will. Die Waschmaschine in der Pilgerherberge wider Erwarten zum Laufen bringen, um seine schmutzigen Socken waschen zu können.
Im Rückblick bin ich froh, dass ich ein Wandertagebuch von der Größe eines *iPhones* dabeihatte, kein *iPhone*, mit dem ich mich hätte ablenken können von den großen und kleinen Erfahrungen, die man auf dem Pilgerweg macht –, wenn man sich darauf einlässt.
(Obwohl ich die Sache mit dem Allernötigsten vielleicht beim nächsten Mal doch etwas lockerer sehen und mir wenigstens ein Buch mitnehmen würde ...)

14 Auf dem Hahnenkamm

Gunzenhausen–Heidenheim (17 km)

Das liegt vor uns

Hinter Gunzenhausen beginnt die Hahnenkammregion, ein Höhenzug, dessen höchsten Punkt (den Dürrenberg mit 656 m) wir zwar nicht passieren; die folgende Etappe führt uns aber immerhin auf den 642 Meter hohen Spielberg hinauf. Entsprechend anstrengend wird die Wanderung mit ihren Auf- und Abstiegen, doch dafür punktet sie auch mit erhabenen Ausblicken. Wer mit dem Fahrrad unterwegs ist, muss an einigen Stellen die Straße benutzen, da die Feldwege manchmal schlecht passierbar sind. Für **Radler** bietet es sich unter Umständen auch an, diese relativ kurze Tour mit der folgenden nach Oettingen zusammenzulegen. Durch Märchen- und Matschwälder geht es heute in den ehemals bedeutenden Markt Heidenheim – nicht zu verwechseln mit der großen Kreisstadt Heidenheim an der Brenz, in deren Nähe uns eine spätere Etappe bringen wird.

Hier geht's lang

Am **Färberturm** in **Gunzenhausen** vorbei gehen wir links und überqueren die Weißenburger Straße, um kurz darauf rechts der Muschelmarkierung und der Straße »Zur Altmühl« zu folgen, die uns auf die andere Seite des Flusses bringt. Danach geht es geradeaus über einen breiten Weg, der an einer Stelle die B 13 überquert und dann als Feld- und Wiesenpfad unter der Bahnlinie hindurchführt.

Der Jakobsweg kreuzt zwischen Edersfeld und Aha noch einmal eine kleine Landstraße, ehe er zum Waldrand führt. (Für

Fahrräder ist der folgende Abschnitt mit vielen kleinen Feldwegen allerdings nur bedingt geeignet. Radler fahren deshalb auf der Landstraße über Aha und Pflaumfeld nach Gnotzheim, um dort wieder auf den Jakobsweg zu treffen.) Mit ein wenig Konzentration kann man den Muschelmarkierungen dort gut folgen; es geht am Waldrand entlang, am Ende des Weges kurz nach rechts, gleich wieder links und nochmals rechts am Pflaumfelder Graben entlang wieder Richtung Wald. Bevor wir die ersten Bäume erreichen, wenden wir uns wieder nach links und stoßen auf die Straße nach Pflaumfeld. Nur ganz kurz geht es darauf rechts, dann gleich wieder links weiter zum nächsten Waldstück. Wir folgen den Markierungen ein Stück unter die Bäume, dann wieder am Waldrand entlang, bis der Weg rechts abbiegt.

An der nächsten Kreuzung im Feld wenden wir uns wieder nach links und anschließend nach rechts auf einen befestigten Weg, der uns in die Ortschaft **Gnotzheim** führt. Die Markierungen leiten uns durch die Siedlung über die Spielberger Straße zum Ortsausgang. Am Sportplatz dort geht es erst rechts und dann in einem großen Linksbogen weiter.

Danach beginnt ein Aufstieg durch die Felder bis auf eine Höhe von 600 Metern zum Ortsrand von **Spielberg**. Auch hier nutzen Fahrradfahrer besser die Straße in den Ort hinauf, dessen alte Burg auf dem Hahnenkamm die Landschaft dominiert. Einkehren und übernachten kann man in Spielberg beim *Gasthof Gentner*, der regionale Spezialitäten, teils auch in Bio-Qualität, anbietet. Nahe der Spielberger Burg geht es auf der Kreisstraße rechts ortsauswärts weiter. In südöstlicher Richtung führt der Jakobsweg wieder in den Wald hinein (und immer wieder hinauf) und läuft eine Weile an der St 2384 entlang. Kurz vor **Heidenheim**

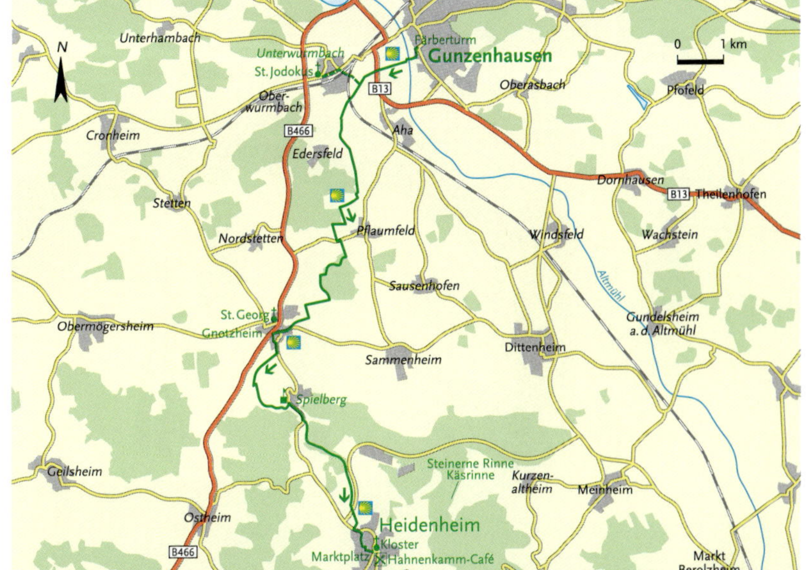

überqueren wir diese Straße – der Jakobsweg macht hier einen Rechtsknick – und stoßen kurz darauf auf die Ostheimer Straße, die uns in den Ort hineinführt.

Das gibt's zu sehen

Wenn man bedenkt, wie viel dieser Etappe sich auf Feld- und Waldwegen abspielt, ist die Anzahl an Sehenswürdigkeiten erstaunlich hoch. Der hinter Gunzenhausen ausgeschilderte Abstecher vom Jakobsweg nach **Unterwurmbach** (die angegebenen 500 Meter sind eher nicht wörtlich zu nehmen) führt zur Kirche **St. Jodokus**. Es handelt sich hierbei nicht um einen Tippfehler für »Jakobus«, wie man auf dieser Strecke vielleicht annehmen könnte, sondern um eine im 15. Jahrhundert erbaute, dem etwas obskuren Heiligen St. Jodok geweihte Kirche mit gotischem

Auch St. Jodokus wird gelegentlich mit der Jakobsmuschel dargestellt und gilt als Schutzpatron der Wallfahrer.

Chorraum und einem neugotischen Auferstehungs-Altarbild. St. Jodok dürfte auch vielen Katholiken kein Begriff sein, obwohl er als Heiliger verehrt wird: Seine Lebensgeschichte wird unter anderem in einer berühmten mittelalterlichen Legendensammlung, der *Legenda aurea*, erzählt. Mehrere Orte, unter anderem der Nürnberger Stadtteil St. Jobst, sind nach ihm benannt. Wie Jakobus auch gilt Jodok übrigens als Schutzpatron der Pilger und wird mit den Attributen der Muschel und des Stabes dargestellt. Insofern ist für uns Wallfahrer die Unterscheidung der beiden Heiligen tatsächlich gar nicht so bedeutsam.

Die sakrale Thematik zieht sich weiter durch die heutige Wanderung. In **Gnotzheim** gibt es gleich zwei katholische Kirchen, weil sich die Grafen von Oettingen der Reformation verweigerten. Die barocke **Georgskirche** zeigt außen eine der – für Süddeutschland typischen – Gethsemane-Szenen des betenden Jesus und seiner schlafenden Jünger.

Das imposant auf dem Hahnenkamm thronende **Schloss Spielberg** ist heute vor allem für die Skulpturensammlung des Bildhauers Ernst Steinacker bekannt. Im Inneren der Ringmauer befindet sich ein kreisförmiger »Skulpturenhof« mit großen bronzenen Plastiken. Was hat etwa die Menschengruppe vor dem Haus zu sagen? Die nackten Gestalten stehen voneinander abgewandt da, sehr gerade, ohne sich zu berühren, und scheinen doch auf etwas zu warten. Überlebensgroß sind die Köpfe Steinackers. Drücken die aufgerissenen Augen und die leicht offen stehenden Münder Staunen aus, Furcht oder vielleicht Melancholie?

In **Heidenheim** gibt es ein **Kloster**, das im 8. Jahrhundert durch Abt Wunibald gegründet wurde. Die Doppeltürme der Klosterkirche ragen ziemlich wuchtig auf, während die Gewölbe im Kreuzgang Ruhe und Erhabenheit ausstrahlen. Im ehemaligen Klostergarten befindet sich das »Heidenbrünnlein«, dessen Wasser Wunibald zum Taufen verwendet haben soll.

Ein Gasthaus hat Heidenheim nicht mehr, in den letzten Jahren sind aber – auch im Zuge der steigenden Pilgerzahlen – neue Übernachtungsmöglichkeiten entstanden, etwa im *Café Hahnenkamm* oder im etwa zwei Kilometer entfernten Ortsteil Mariabrunn. Unweit von Heidenheim, nahe der St 2384, gibt es als Naturdenkmal eine Steinerne Rinne zu entdecken, die **»Käsrinne«**, die bislang touristisch noch kaum erschlossen ist.

Ausgewählte Adressen und Öffnungszeiten

Gunzenhausen s. S. 126f.

Gnotzheim

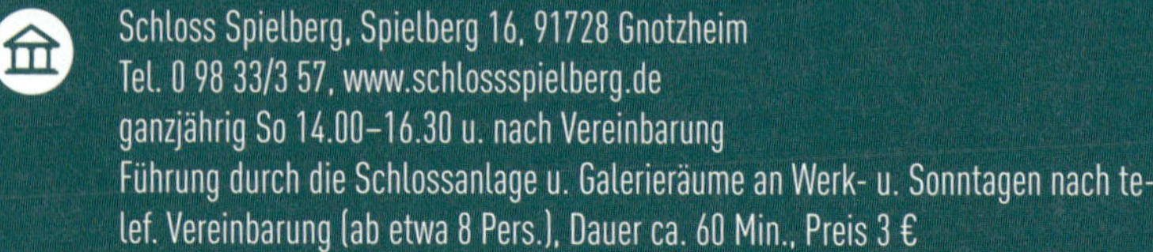

Schloss Spielberg, Spielberg 16, 91728 Gnotzheim
Tel. 0 98 33/3 57, www.schlossspielberg.de
ganzjährig So 14.00–16.30 u. nach Vereinbarung
Führung durch die Schlossanlage u. Galerieräume an Werk- u. Sonntagen nach telef. Vereinbarung (ab etwa 8 Pers.), Dauer ca. 60 Min., Preis 3 €

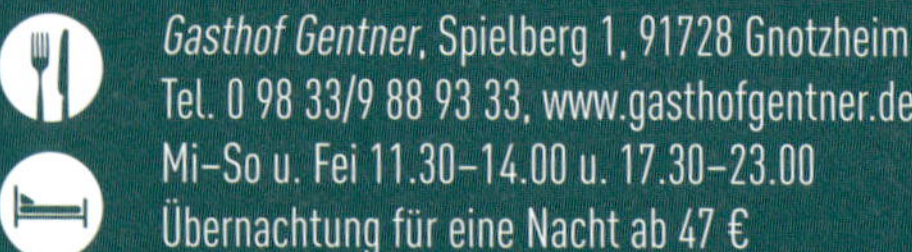

Gasthof Gentner, Spielberg 1, 91728 Gnotzheim
Tel. 0 98 33/9 88 93 33, www.gasthofgentner.de
Mi–So u. Fei 11.30–14.00 u. 17.30–23.00
Übernachtung für eine Nacht ab 47 €

Heidenheim

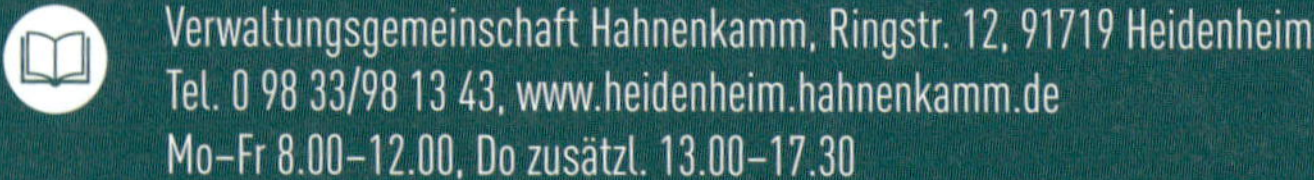

Verwaltungsgemeinschaft Hahnenkamm, Ringstr. 12, 91719 Heidenheim
Tel. 0 98 33/98 13 43, www.heidenheim.hahnenkamm.de
Mo–Fr 8.00–12.00, Do zusätzl. 13.00–17.30

Zweckverband Kloster Heidenheim, Ringstr. 1, 91719 Heidenheim
Tel. 0 98 33/2 75, www.kloster-heidenheim.eu

Weitere Informationen zur Steinernen Rinne »Käsrinne«:
www.lfu.bayern.de//download/geotoprecherche/577r018.pdf

Hahnenkamm-Café, Krankenhausstr. 3, 91719 Heidenheim
Tel. 0 98 33/7 26, www.ferienwohnungen-koehnlein.de
Do, Sa u. So 14.00–18.00, Fr 14.00–22.00
(Ferienwohnungen nur bei mehrtägigem Aufenthalt zu mieten)

Rainer Rebelein, Mariabrunn 3, 91719 Heidenheim
Tel. 0 98 33/54 81, www.rebelein-mariabrunn.de
Hauptsaison Ferienwohnung (2–4 Pers.) ab 32 €

Rückfahrt zum Ausgangspunkt

Mit dem Regionalbus 649 von der Haltestelle »Heidenheim Rathaus« nach Gunzenhausen
Achtung: Der letzte Bus fährt Mo–Fr bereits um 17.50 ab, Sa nur wenige Verbindungen, Rufbus unter Tel. 0 90 82/95 99 50, Voranmeldung bis spätestens 12.00

15 Zu Besuch bei den Grafen von Oettingen

Heidenheim–Oettingen (18,5 km)

Das liegt vor uns

Weiterhin geht es bei dieser Tour bergauf und bergab durch Wald, Wiesen und Felder, immer in südöstlicher Richtung bis in die ehemalige Residenzstadt Oettingen. Bevor wir das Etappenziel am Ufer der Wörnitz mit seinem Schloss und den schönen Fachwerkhäusern erreichen, sehen wir Ruinen, alte Friedhöfe und Kirchen. Auf der ersten Hälfte der Strecke gibt es keine Einkehrmöglichkeiten, dafür umso schönere Wälder. Radler müssen wieder gelegentlich Ausweichstrecken nutzen, da einige der Waldwege unbefestigt und kaum befahrbar sind.

Hier geht's lang

Auf- und Abstiege: So geht's bei dieser Tour gleich am Anfang los, denn unmittelbar außerhalb der Stadt steigen wir den Heidenheimer Buck, einen bewaldeten Berg mit einer Höhe von 580 Metern hinauf – zum Glück liegt Heidenheim selbst schon recht hoch, sodass es trotzdem keine Bergbesteigung wird.

Radfahrer nehmen am Anfang der Strecke gleich einen anderen Weg, um die unbefestigten Pfade des Bucks zu vermeiden: Sie bleiben in Heidenheim auf der Hechlinger Straße und halten sich Richtung Hechlingen, um dann rechts und kurz darauf links zu fahren und dann in Hohentrüdingen in der Bergstraße wieder auf den Jakobsweg zu stoßen. Bis zum Dorf Steinhart geht es danach für Radler problemlos auf demselben Weg wie für die Wanderer weiter. Problematisch könnte nur das Stück nach der Überquerung des Lothbachs werden. Bei schlechtem Wetter oder schwer bepackt die Räder den Hang hinaufzuschieben, ist sehr anstrengend. In diesem Fall empfiehlt es sich, Hohentrüdingen ganz rechts liegen zu lassen und gleich auf der Landstraße via Hechlingen am See nach Hüssingen zu fahren.

Vom **Heidenheimer Marktplatz** aus gehen wir ein Stück die Hechlinger Straße entlang, biegen in die Pfarrgasse und von dort links in die Stelzergasse ein, der wir aus dem Ort hinaus folgen. Nachdem wir auf ihr den Bach überquert haben, zieht sich der Weg an einer Ziegelhütte vorbei immer aufwärts in den sogenannten Heidenheimer Buck, erst am Waldrand entlang, dann – mit vielen gut markierten Richtungswechseln – durch den Wald hindurch. Wenn wir den Waldrand erreicht haben, gehen wir erst links, dann wieder rechts bergab, überqueren die Autostraße (die WUG 29), nur um gleich wieder links abzuzweigen. Ein weiterer Aufstieg (mit dem Wald zur Rechten) bringt uns nach **Hohentrüdingen** – in ein Dorf, das im Jahr 2012 von einem nur drei Minuten lang darüber hinwegziehenden Unwetter schwer verwüstet wurde. Links geht es in den »Oberen Ring«, dann entlang einer Obstbaumallee zurück in den Wald, wo wir bis zu einem Bach hinunterwandern, der auf einem schmalen Steg überquert wird. Jenseits des Lothbachs geht es steil bergauf, dann links am Waldrand entlang und schließlich rechts auf einen besser befestigten – und auch wieder mit Rädern befahrbaren – Pfad. Diesem folgen wir bis zum zweiten Weg links, einer kleinen Asphaltstraße, die (wieder mit einem recht steilen Anstieg) schließlich hinauf nach **Hüssingen** führt. Dort geht es am Dorfplatz und bei der Kirche St. Nikolaus bald rechts ab, wieder einmal gerade durch den

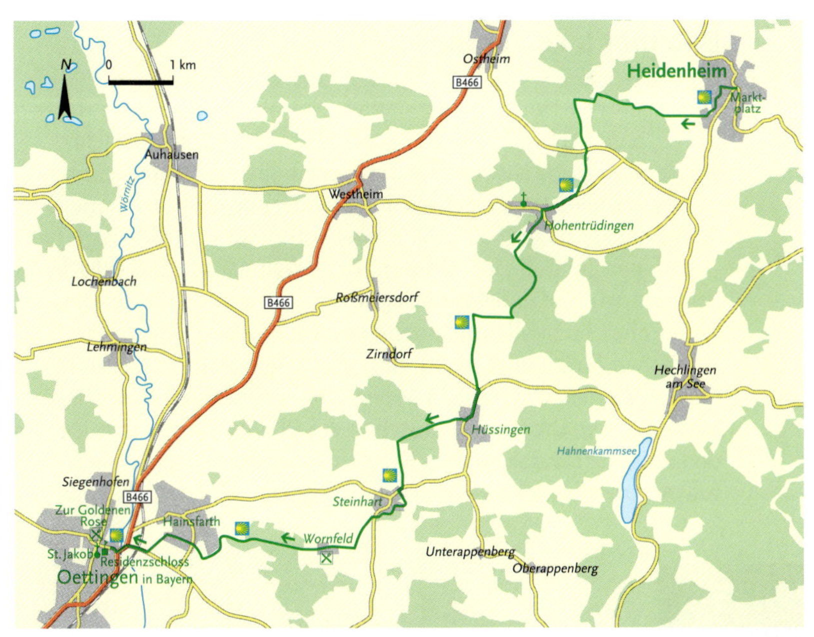

Wald hindurch, und anschließend links zum Dorf **Steinhart** hinunter. Wer eine unkonventionelle Übernachtung im Schäferwagen geplant hat, geht geradeaus weiter ins Dorf hinein, und auch Radler durchqueren den Ort und bleiben auf der Landstraße, bis links eine Abzweigung nach Steinhart kommt.

Wanderer wenden sich, sobald sie die zum Dorf führende Straße erreichen, kurz nach links und gleich wieder nach rechts und folgen weitgehend dem Dorfrand. Schließlich stoßen wir auf die nach Megesheim führende Landstraße, überqueren sie und biegen bald darauf links ab. Es geht eine kleine Anhöhe hinauf und dann an einer Abzweigung rechts zu der kleinen Siedlung **Wornfeld** hinunter, wo man sonntags im *Gasthof zur frischen Quelle* einkehren kann.

Wir wandern geradeaus durch den Weiler hindurch und wieder in den Wald hinein, den wir unmittelbar am Ortsrand von **Hainsfarth** wieder verlassen. Der Jakobsweg führt in einem Linksbogen halb um den Ort herum, dann rechts auf die Hauptstraße und links auf die Sudetenstraße.

Hinter dem Ort biegt der Weg links ab und führt uns zur Straße zurück. Wir gehen rechts weiter, auf dem Rad- und Fußweg neben der Straße, und kommen so an unser Etappenziel: Nach der Überquerung der Wörnitzbrücke geht es am Kreisverkehr geradeaus weiter, und durch die Schützenstraße und den Zwinger betreten wir die ehemalige Residenzstadt der Grafen von **Oettingen**.

Das gibt's zu sehen

Unterhalb von Heidenheim, südlich des Jakobsweges, liegt das kleine, regional bedeutsame Naturdenkmal der **»Sieben Quellen«**. Für geologisch Interessierte bietet sich ein kleiner Abstecher an. Dazu achten Sie auf die gelb-grüne Markierung mit dem Namen »Hahnenkamm« und der Abkürzung »QW« für »Quellenweg«.

Auf den Spuren des Minnesängers **Wolfram von Eschenbach** befinden wir uns in **Hohentrüdingen**, einer Ortschaft, die auf den ersten Blick nicht allzu spannend wirkt. Von der großen mittelalterlichen Burg, die den Ort einst dominierte, sieht man heute nicht mehr viel. Um das Jahr 1200 herum aber erwähnte der besagte Wolfram die Gastfreundschaft der »Truhendinger« Grafen und die ihrer schmackhaften Krapfen in seinem Versepos *Parzival*, nachdem er sich in der Gegend aufgehalten hatte. Geblieben

Wolfram von Eschenbach genoss dereinst die Gastfreundschaft der Grafen von Trüdingen; im Bild der ehemalige Bergfried und heutige Turm der Dorfkirche.

ist heute noch der **Bergfried**, der den Kirchturm der **Johanneskirche** bildet, und von dem aus man einen weiten Blick in die Landschaft werfen kann.

Als Pilger oder Pilgerin wird man nicht jede Sehenswürdigkeit auf dem Weg ansehen können. Viel wichtiger ist manchmal die Frage, wo die nächste Einkehrmöglichkeit liegt. Auch hier stößt man gelegentlich auf interessante Relikte aus vergangener Zeit. So gibt es das **Gasthaus zur frischen Quelle** in dem 18-Seelen-Dorf **Wornfeld** bereits seit 1784. Heute wird es hauptsächlich der Tradition wegen noch von der Familie Trollmann am Wochenende und gelegentlich zu Dorffesten betrieben, während es früher täglich geöffnet war. Wenn Sie nicht gerade schon übersättigt sind mit Kirchen, werfen Sie in **Hüssingens** Kirche **St. Nikolaus** am Dorfplatz wenigstens einen Blick auf das Kruzifix aus der Zeit um 1500 und auf die hölzerne Nikolausfigur an der Kirchenwand.

Maria thront als Himmelskönigin im Sternenkranz hoch über dem Innenhof des Schlosses von Oettingen.

Wenn sie in **Steinhart** der Beschilderung »Zur Burgruine« folgen, gelangen Sie innerhalb des alten Burggrabens auch zu einem alten **jüdischen Friedhof** aus dem 18. Jahrhundert. Bis 1883 gab es in dem Dorf eine eigene jüdische Gemeinde; zu Beginn des 19. Jahrhunderts waren gut 40 Prozent der Einwohner Juden, es gab eine jüdische Volksschule und eine Synagoge sowie jüdische Wohlfahrtsvereine. Durch die Abwanderung in die Städte fiel im späten 19. Jahrhundert die Zahl der jüdischen Einwohner so weit, dass sie der Gemeinde Oettingen zugeteilt wurden.

Die Reste der im Dreißigjährigen Krieg zerstörten **Burg** von Steinhart sind heute im Privatbesitz; von der Umfassungsmauer der Burganlage sind noch bedeutende Relikte erhalten.

Oettingen – malerisch an der Wörnitz gelegen und noch größtenteils von seinem aus der Stauferzeit stammenden **Ringwall** umgeben – bietet eine Reihe von Sehenswürdigkeiten, wobei auch schon ein Stadtbummel, an den Fachwerkhäusern und barocken Gebäuden vorbei, schön ist. Aus dem 17. Jahrhundert stammt das fürstliche **Schloss**, das mit dem »Goldenen Zimmer« samt Rokoko-Einrichtung oder dem stuckbesetzten Festsaal punkten kann, in dem auch regelmäßig die »Oettinger Residenzkonzerte« stattfinden. Die barocke **Mariensäule mit Brunnen** aus dem Jahr 1723 ist ein Blickfang im Schlosshof, den man auch ohne einen Besuch des Schlosses selbst genießen kann.

Blicken Sie aber nicht nur im Festsaal mal nach oben, sondern auch in der Stadt selber, wo seit etwa 400 Jahren **Störche** nisten. Und machen Sie, als gute Jakobspilger, danach gleich noch einen Abstecher zur evangelischen Stadtpfarrkirche **St. Jakob**, wo der Namenspatron auch vor dem Gebäude als Bronzestatue zu finden ist.

Ausgewählte Adressen und Öffnungszeiten

Heidenheim s. S. 134

Hainsfarth

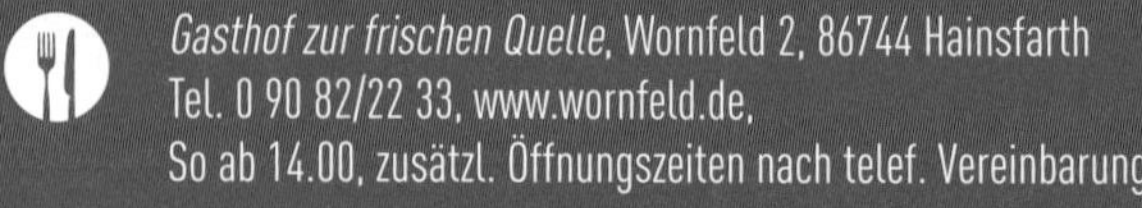

Gasthof zur frischen Quelle, Wornfeld 2, 86744 Hainsfarth
Tel. 0 90 82/22 33, www.wornfeld.de,
So ab 14.00, zusätzl. Öffnungszeiten nach telef. Vereinbarung

Übernachten im Schäferwagen:
Fam. Fritzsche, Schützenstr. 9, OT Steinhart, 86744 Hainsfahrt
Tel. 0 90 82/92 18 58

Oettingen i. Bay.

Tourist-Information Oettingen, Schloßstr. 36, 86732 Oettingen i. Bay.
Tel. 0 90 82/7 09 52, www.oettingen.de (> Tourismus)
Mai–Sep Mo–Fr 9.00–12.00 u. 14.00–17.00 (Do bis 17.30), Sa 10.00–13.00
Okt–Apr Mo–Mi 9.00–12.00 u. 14.00–16.00, Do 9.00–12.00 u. 14.00–17.30,
Fr 9.00–12.30

Residenzschloss Oettingen, Schloßstr.1, 86732 Oettingen
Tel. 0 90 82/96 94 24, www.oettingen-spielberg.de
Schlossführungen März–Nov Di–Sa 14.00, So u. Fei 11.00, 14.00 u. 15.00
Juli u. Aug zusatzl. Di–So 11.00, im Winter für Gruppen auf Anfrage

Heimatmuseum Oettingen, Hofgasse 14, 86732 Oettingen
Tel. 0 90 82/23 15, www.heimatmuseum-oettingen
Mi–So u. Fei 14.00–17.00

Gasthof Zur Goldenen Rose, Mühlstr. 2, 86732 Oettingen
Tel. 0 90 82/26 58, DZ (inkl. F) ab 32 €

Schmankerl-Gasthof – Zur Post, Königsstr. 14, 86732 Oettingen
Tel. 0 90 82/22 14, www.schmankerl-gasthof.de
Mo–Sa 11.30–14.00 u. ab 17.00, So u. Fei ab 11.00, schwäbische Spezialitäten

Stadtcafé Oettingen, Schloßstr. 31, 86732 Oettingen
Tel. 0 90 82/96 13 49, www.stadtcafé-oettingen.de
Mo 9.00–18.00, Mi–So 9.00–23.00
Von dem Café aus, das direkt am Marktplatz liegt, kann man das Treiben in der Stadt sehen und die Teilung Oettingens in eine evangelische und eine katholische Seite erkennen: Die eine Straßenseite prunkt mit barocken Hausgiebeln, die andere zeigt ausschließlich Fachwerkbauten.

Sylvia Schramm, Klosterplatz 1, 86732 Oettingen
direkt neben dem Kloster, private und sehr freundliche Unterkunft
Tel. 0 90 82/9 08 47, Zimmerpreise auf Anfrage

Rückfahrt zum Ausgangspunkt

In Oettingen ab Haltestelle »Gasthaus Sonne« mit Regionalbus 648 Richtung Gunzenhausen bis »Heidenheim Rathaus«
Achtung: Der letzte Bus fährt Mo–Fr bereits um 16.55 ab, Sa nur Rufbus – Voranmeldung unter Tel. 0 90 82/95 99 50

16 Von Bauerndörfern, Barockengeln und Stadttoren

Oettingen–Nördlingen (24 km)

Das liegt vor uns

Wer es etwas gemächlicher angehen lassen möchte, kann diese längere Tour auf der halben Strecke problemlos in Maihingen unterbrechen, wo es Übernachtungsmöglichkeiten gibt. Heute wandern wir ohne große Steigungen durch ehemaliges Römergebiet, passieren Bildstöcke, Schreine und flache, offene Kulturlandschaften, sehen prachtvolle barocke Kirchen ebenso wie kleine Bauerndörfer. Die Markierungen erfordern hier relativ viel Aufmerksamkeit und sind nicht mehr ganz so klar wie bisher. Kurz vor Nördlingen ist eine neue Umgehungsstraße entstanden, sodass die bisherige Wegführung durch eine neue ersetzt werden musste. Sollten Sie Zweifel haben, ob die Markierung die aktuelle ist, können Sie auch der blau-weißen Markierung des »Main-Donau-Weges« in den Stadtteil Ehringen und von dort aus in die Innenstadt von Nördlingen folgen.

Hier geht's lang

Wir starten in **Oettingen** an der **Jakobuskirche**, folgen der Schlossstraße und verlassen die Innenstadt durch das Königstor. Dann geht es (nach einer Osteria auf der rechten Straßenseite) halbrechts in die Nördlinger Straße, von der wir uns, wenn vor uns die Supermärkte des Gewerbegebiets zu sehen sind, nach rechts hin abwenden – erst auf eine Straße, dann einem breiten Feld- und schließlich einem Wiesenweg folgend.

Vor uns liegt, ein wenig zur Rechten, auf einem Hügel das Dorf Ehingen, auf dessen Kirchturm wir so lange zuhalten, bis links ein Steinplattenweg abzweigt, der uns bis nach **Nittingen** führt – in ein verschlafenes Bauerndorf mit pittoresk heruntergekommenen Scheunen, ein paar schönen, repräsentativen Gebäuden und einer winzigen Kapelle. Am Ortsausgang gehen wir links auf der nach Seehof führenden Straße, die allerdings eher einem breiten Feldweg gleicht. Nachdem wir den Seegraben überquert haben, geht es schließlich links weiter übers Feld bis nach **Seehof**, das rechts vom Feldweg liegt. Wir folgen der Straße am Ortsrand entlang bis nach **Bettendorf**, halten uns auch in diesem kleinen Dorf auf der Straße, die an seinem Rand entlangführt, und wandern am Grimmgraben rechts weiter auf das Örtchen **Heuberg** zu.

Wir befinden uns an dieser Stelle übrigens an der ehemaligen Nordgrenze des Römischen Imperiums. In Heuberg biegen wir links in die Römerstraße Richtung Süden ein, der wir folgen, bis wir außerhalb des Dorfs eine Säule und eine Infotafel sehen. Hier geht es rechts auf die »echte« Römerstraße, die schnurgerade geradeaus übers Feld führt und schließlich an der Gänsetränke auf die Hauptstraße nach **Maihingen** trifft, der wir in den Ort hinein folgen.

Wer die Tour in dem hübschen Städtchen mit seiner barocken Pfarrkirche nicht unterbricht, folgt der Straße bis zum Kloster und zur Klosterschenke, wo Einkehr- und Übernachtungsmöglichkeiten bestehen. Direkt davor biegen die »Weiterwanderer« links ab, dann geht's an der zweiten Querstraße erneut links in die Brigittenstraße. Mitten im Wohngebiet geht es nach dem *Salon Claudia* rechts zwischen Häusern und Gärten auf einen schmalen Weg, und dann wieder auf einen schnurgeraden Feldweg, der seine römischen Ursprünge in seiner Geradlinigkeit

nicht verleugnen kann. Wir gehen auf diesem Pfad bis zu der Abzweigung nach **Birkhausen** auf der rechten Seite.

Im Ort biegen wir nach der Kirche links in die Feldgasse ein, die auch bald zu einem Feldweg wird, dem wir folgen, bis uns die Markierungen nach rechts zur Unterführung Richtung **Wallerstein** weisen. Dort gibt es zwei Möglichkeiten: Die Jakobsweg-Markierungen führen uns über die Riegelstraße und Weinstraße hinauf in die »Obere Bergstraße«. Von dort geht es wieder hinunter über die Herrnstraße, rechts auf die Hauptstraße und dann links in den Grabenweg. Diese Route hat den Vorteil, dass man mehr von dem Städtchen sieht. Auch ein interessanter Abstecher zum *Fürst Wallerstein Brauhaus* ist möglich, allerdings hat die dazugehörige »Braustube« ihre Pforten mittlerweile leider geschlossen.

Alternativ kann man sich das Auf und Ab freilich auch sparen und der Riegelstraße zur Hauptstraße folgen, dort kurz rechts gehen und dann links in den Grabenweg abbiegen. Der führt uns direkt nach **Ehringen**. Dort gehen wir geradeaus bis zum Ende der Straße, dann kurz nach links und beim Feuerwehrhaus gleich wieder rechts. Wir überqueren den Goldbachgraben, gehen geradeaus weiter bis zur ersten Abzweigung nach links jenseits des Dorfes. Wir stoßen auf die B25, überqueren sie und halten uns danach rechts, folgen dem Straßenverlauf an einem Kreisverkehr vorbei und wenden uns kurz vor dem Ortsteil **Baldingen** nach links. Es geht kurz übers Feld und dann wieder rechts, hin zu der Ortschaft. In Baldingen folgen wir den Markierungen (die alte und die neue Strecke treffen hier wieder zusammen) bis zum Goldbach, den wir auf der Straße »Kleines Feldle« überqueren. Danach wenden wir uns kurz nach rechts, bei nächster Gelegenheit wieder nach links und laufen am Einkaufszentrum vorbei. Am Ende der Straße halten wir uns rechts, und auf der anschließenden Würzburger Straße geht es wieder nach links bis zum Baldinger Tor, durch das wir ins Innere der Ringmauer von **Nördlingen** und geradeaus bis zum **Marktplatz** gelangen.

Das gibt's zu sehen

Über der Orgel schweben Engel; die Balustrade ist aus weißem Stein, der fast wie ein feiner Spitzenbesatz wirkt, und oben wölbt sich ein barocker Himmel in Rosa und Türkis: Die Orgel der

Die Maihinger Klosterkirche entführt den Besucher in den Himmel – wie man ihn sich in der Barockzeit ausmalte.

Klosterkirche von **Maihingen** aus dem 18. Jahrhundert ist schon unbespielt ein Meisterwerk, ebenso filigran wie beeindruckend. Am Barock kommt man in Maihingen, das nach den winzigen Bauerndörfern auf dem Weg hierher größer erscheint, als es eigentlich ist, nicht vorbei. Im Fall der katholischen Pfarrkirche **St. Georg**, die in der Ortsmitte den Dorfplatz beherrscht, ist es freilich nur noch das Gebäude selbst, das nach außen hin seine barocken Wurzeln verrät; die Altäre und Altarbilder wurden erst im 19. und 20. Jahrhundert ersetzt.

Am Ortsausgang befindet sich das **Kloster**, der einstige Sitz der Minoriten, der heute als katholisches Evangelisationszentrum von der Gemeinschaft *Lumen Christi* geführt wird. Daneben liegt, für müde und hungrige Pilger vielleicht ebenso wichtig, das **Gasthaus zur Klosterschenke**.

In unmittelbarer Nähe davon erfährt man im Museum **»KulturLand Ries«** (ehemaliges »Bauernmuseum«) Interessantes über Land und Leute sowie die Alltagskultur im Ries, einem flachen, fast kreisförmigen Naturraum, der sich stark von der Hügellandschaft der nahen Alb abhebt.

Wer seinen (Wissens-) Durst eher konkret löschen will, ist in **Wallerstein** gut beraten. Auf dem Berg dort liegt das **Schloss Wallerstein**, Sitz des 900 Jahre alten Adelsgeschlechts derer von

Oettingen-Wallerstein. Das Schloss ist im Privatbesitz und normalerweise nicht für Besucher geöffnet, Sonderführungen oder auch private Veranstaltungen sind aber auf Anfrage möglich. Auch die **Brauerei Wallerstein** bietet Führungen an, obwohl das »Brauhaus« auf dem Berg mittlerweile leider seine Pforten geschlossen hat, sodass man das Wallersteiner Bier nicht mehr unmittelbar vor Ort probieren kann.

Die ehemalige Reichsstadt **Nördlingen** liegt im Einschlagkrater eines Meteoriten, dessen weiten Rand man heute als Hügelkette sehen kann. Im **»RiesKraterMuseum«** wird in sechs Räumen die Geschichte dieses 15 Millionen Jahre zurückliegenden Ereignisses gegenwärtig gemacht. Nördlingen kann sich auch mit der einzigen komplett begehbaren **Stadtmauer** Deutschlands brüsten, die man über jedes der fünf Stadttore erreichen kann. Der »Daniel«, wie der 90 Meter hohe Turm der **Georgskirche** liebevoll genannt wird, ist von jedem Punkt der circa 2,7 Kilometer langen Stadtmauerwanderung zu sehen. Stadtmauer, Stadt und die Hügel des Rieskraters wiederum kann man bei einer **Turmbegehung** überblicken. Alle drei Jahre dreht die Stadt Nördlingen beim »Historischen Stadtmauerfest« übrigens die Uhren zurück und lässt das Mittelalter wieder aufleben.

Ausgewählte Adressen und Öffnungszeiten

Oettingen s. S. 142f.

Maihingen

Kirche und Kloster Maihingen, Informationen u. Führungen:
Kath. Pfarramt Maihingen, Dorfplatz 3, 86747 Maihingen
Tel. 0 90 87/9 10 10, www.maihingen.de (>Kirchen)

Museum KulturLand Ries, Klosterhof 3 u. 8, 86747 Maihingen
Tel. 0 90 87/9 20 71 70, www.rieser-bauernmuseum.de
Mitte März–Mitte Nov Di–Do, Sa, So u. Fei 13.00–17.00
Mitte Juni–Mitte Sep zusätzl. Di–So u. Fei 10.00–17.00
Gruppen u. Schulklassen nach Vereinbarung
Familienkarte 7 €, Erwachsene 3,50 €, erm. 2,50 €, Kinder (ab 6 Jahren) 1 €

Gasthaus Zur Goldenen Sonne, Hauptstr. 28, 86747 Maihingen
Tel. 0 90 87/2 26, www.sonne-maihingen.de
Mo 10.00–14.00, Di, Do–So 10.00–14.00 u. ab 17.00
u. a. Fischspezialitäten aus den nahe gelegenen Fischweihern

Gasthaus zur Klosterschenke, Klosterhof 6, 86747 Maihingen
Tel. 0 90 87/3 19, www.gasthaus-klosterschenke.de

Wallerstein

Schloss und Brauhaus Fürst Wallerstein, Obere Bergstr. 78, 86757 Wallerstein
Tel. 0 90 81/78 22 01, www.fuerst-wallerstein.de

Nördlingen

Tourist-Information Nördlingen, Marktplatz 2, 86720 Nördlingen
Tel. 0 90 81/8 41 16, www.noerdlingen.de
Ostern–Okt Mo–Do 9.00–18.00, Fr 9.00–16.30, Sa u. Fei 10.00–14.00
Juli u. Aug zusätzl. So 10.00–14.00
Nov–Ostern Mo–Do 9.00–17.00, Fr. 9.00–15.30

RiesKraterMuseum Nördlingen, Eugene-Shoemaker-Platz 1, 86720 Nördlingen
Tel. 0 90 81/8 47 10, www.rieskrater-museum.de
Mai–Okt Di–So 10.00–16.30, Nov–Apr Di–So 10.00–12.00 u. 13.30–16.30
Eintrittskarten gelten am Tag des Erwerbs auch fürs Stadtmuseum.
Familienkarte 9,50 €, Erwachsene 4,50 €, erm. 2,50 €, Schüler 1,50 €

Café SAMOCCA Nördlingen, Eisengasse 1, 86720 Nördlingen
Tel. 0 90 81/7 89 02 30, www.samocca-noerdlingen.de
Mo–Fr 9.00–19.00, Sa 9.00–14.00
integratives Café der *Lebenshilfe*; frisch geröstete Kaffeespezialitäten u. kleine Gerichte

Schlössle Restaurant, Würzburger Str. 1, 68720 Nördlingen
Tel. 0 90 81/8 05 60 61, www.schloessle-noerdlingen.de
Mo u. Mi–Fr 11.00–14.30 u. 17.00–23.00, Sa u. So 11.00–23.00
hübsches Restaurant außerhalb des Baldinger Tors u. damit direkt am Jakobsweg

Hotel-Café-Konditorei Altreuter, Marktplatz 11, 86720 Nördlingen
Tel. 0 90 81/43 19, www.hotel-altreuter.de
Öffnungszeiten und Zimmerpreise telefonisch erfragen

Rückfahrt zum Ausgangspunkt

Vom Busbahnhof in Nördlingen mit Bus Nummer 503 Richtung »Wassertrüdingen Realschule« bis nach Oettingen
Achtung: Mo–Fr letzte Fahrt um 18:39, Sa nur wenige Verbindungen

17 Walking in a Winter Wonderland?

Nördlingen–Neresheim (24 km)

Das liegt vor uns

Heute geht es unter anderem durch eine spektakuläre, windige Hügellandschaft mit großartigen Ausblicken. Ansonsten erwartet uns eine Gegend, die reich an alten Burgen und pittoresken Ruinen ist – und wohl zu jeder Jahreszeit ihren ganz eigenen Zauber entfaltet. Die Markierungen auf diesem Streckenabschnitt sind stellenweise dünn gesät und nicht immer ganz klar, sodass etwas Vorsicht geboten ist. Eine besonders schöne Übernachtungsmöglichkeit bietet das majestätisch auf einem Hügel gelegene Kloster Neresheim, an dem der Jakobsweg ohnehin vorbeiführt.

Hier geht's lang

Wir verlassen **Nördlingen** durch den **Feilturm**, nachdem wir vom Marktplatz aus durch die Polizeigasse zum Weinmarkt gegangen sind, diesen überquert haben und von der Bergerstraße aus links in die Lange Gasse eingebogen sind, die an der Salvatorkirche vorbei zum Stadttor führt. Auf der anderen Seite des Feilturms können Fußgänger die Treppen rechts nehmen und dann halb links durch den kleinen Park gehen, während Fahrradfahrer nach dem Tor links abbiegen und sich dann zweimal rechts halten.

Wir erreichen eine Allee (Kellermannsweg), die nach einer Weile recht steil in den Wald hinaufführt. Oben liegt rechts der **»Hexenfelsen«**, von dem aus man eine schöne Aussicht durch die Bäume hindurch und zurück auf die Stadt hat. Gleich hinter dem Felsen kommen wir aus dem Wald heraus und wenden uns nach links, wo der Weg lange – zwischen den Bäumen zur Linken und dem offenen Land zur Rechten – mal bergauf, mal bergab führt, wobei Muschelmarkierungen hier rar gesät sind. Erst, wenn der Weg halb rechts weiterführt, taucht die Markierung wieder auf. Es geht jetzt (noch immer mit einer Baumreihe zur Linken) übers Feld.

An einem einsam stehenden Kruzifix überqueren wir eine Landstraße und steigen nunmehr recht steil hinauf zu einer windigen, wilden Höhenlandschaft. Der Jakobsweg biegt an einem asphaltierten Weg nur kurz nach rechts ab – an der nächsten Gabelung geht es zu Fuß links weiter in eine Senke hinunter. Radfahrer hingegen folgen dem asphaltierten Weg ins Dorf Schmähingen und nehmen dort die Straße nach Hürnheim, denn die pfadlosen Hänge, auf denen die Wanderer jetzt unterwegs sind, sind mit dem Rad nahezu unpassierbar.

In der Senke gehen wir mehr oder weniger in derselben Richtung weiter, wobei der Weg mehrmals erst rechts, dann links entlang führt. Es geht jetzt immer bergauf, erst auf einem Waldpfad, dann über die offene Hügellandschaft hinauf auf den sogenannten **Albuch**. Eine Hütte lädt nach den anstrengenden Pfaden zu einer kurzen Rast ein, ehe es am Albuch-Denkmal vorbeigeht. Ein Pfad führt jetzt wieder aus den Hügeln hinunter, überquert eine Landstraße und steigt als richtige Straße weiter hinauf nach **Hürnheim**, wo es erst links und dann rechts geht, bis links eine Abzweigung zur Ruine Niederhaus kommt.

Radfahrer bleiben auch hier auf der bisherigen Straße und stoßen erst bei Christgarten wieder auf den Jakobsweg, weil der Wanderweg jetzt wieder eher auf Romantik und damit auf holprige Wege setzt: Wir durchqueren die Burgruine, folgen einem

steil abfallenden Pfad zu einem befestigten Weg, wo es erst rechts weitergeht, dann links am Bach entlang. Wir gelangen auf die von Karlshof einmündende Landstraße, der wir eine kleine Weile folgen, dann aber biegen wir kurz vor der großen Straße links zu dem Weiler Anhausen ab und gehen immer am Bach entlang bis zur Ortschaft **Christgarten**. Dort bietet das Gasthaus *Zum Schwan* eine Einkehrmöglichkeit für fußmüde Wanderer.

Hinter dem Gasthaus macht die Landstraße eine Kurve; hier geht es für uns Jakobspilger halb rechts weiter auf einen Wanderweg, dem wir lange durch den Wald folgen, wobei wir einmal durch ein Tor zum Wildgehege hindurchmüssen. Am Waldrand führt der Weg rechts weiter, an den Bäumen entlang und dann noch einmal durch ein weiteres Waldstück, hinter dem wir dem Pfad leicht links weiter folgen. Wir können das Dorf Kösingen vor uns sehen, nach einer Weile biegt der Jakobsweg aber rechts ab, überquert eine Straße und führt dann geradeaus weiter und am Ortsrand von **Hohlenstein** vorbei. Jenseits der Siedlung endet dieser Weg bald an einer T-Kreuzung mit einem Felsen zur Rechten.

Wir biegen hier nur ganz kurz nach links ab und schlagen uns dann, bevor wir die Landstraße erreichen, rechts auf einen zunächst kaum erkennbaren Wiesenpfad, der uns nach einer Weile kurz zur Landstraße Richtung **Neresheim** führt. Ihr folgen wir wenige hundert Meter lang, um dann wieder leicht links in den Wald abzuzweigen. Der Pfad biegt einmal nach rechts ab und führt uns zum Parkplatz der Kapelle Maria Buch, die selbst ein wenig verborgen im Wald liegt. Von der Kapelle aus geht es auf einem Waldweg ein wenig hinauf, bis wir rechts auf die alte Kösinger Straße abbiegen, die uns direkt zum Haupteingang des **Klosters Neresheim** führt. Wer nicht ohnehin dort übernachtet, biegt am Parkplatz unterhalb des Haupteingangs rechts in die Klosterallee ab, die den Berg hinunterführt und kurz vor Neresheim wieder auf die Straße trifft (die von Radpilgern genutzt wird), wo wir erst links und dann rechts gehen, um ins Zentrum des Ortes zu gelangen.

Das gibt's zu sehen

Gleich am Anfang unserer Tagestour erklimmen wir die **Marienhöhe** hinter **Nördlingen**. Der **»Hexenfelsen«** im Wald verweist auf ein eher düsteres Kapitel der Stadt, wurden dort doch zwischen

1589 und 1598 Nördlinger Bürgerinnen und Bürger wegen angeblicher Hexerei verbrannt.

Blutige Historie ist auch mit den Höhenzügen südlich von Nördlingen verbunden, die einen grandiosen Ausblick über das Umland bieten. Der Jakobspilger durchquert eine wilde, offene und beeindruckende Landschaft und kann nach anstrengenden Pfaden die Hügel hinauf endlich den weiten Blick auf dem Albuch genießen. Im Jahr 1634 haben in dieser erhebenden Hügellandschaft bei der »Schlacht von Nördlingen« an einem einzigen Tag 12000 Menschen das Leben verloren, woran das Denkmal auf dem Hügel erinnert.

Nur einen Kilometer entfernt voneinander liegen die **Burgruinen Niederhaus** und **Hochhaus**. Der Jakobsweg führt durch die noch heute imposanten Überreste der Stauferburg Niederhaus hindurch. Deren einstiger Wirtschaftshof wird übrigens auch heute noch bewirtschaftet.

Auch wenn der Winter keine typische Wanderzeit ist: Wer will bei diesem Anblick nicht ins Freie?

Der Schnee legt einen zusätzlichen Zauber über den Turm der Neresheimer Klosterkirche.

In **Christgarten** findet sich eine weitere Ruine – die des 1383 gegründeten **Kartäuserklosters.** »Das Kreuz steht fest, während die Welt sich dreht«, lautet das Motto der Kartäuser, eines im elften Jahrhundert von Bruno von Köln gegründeten Eremitenordens. Die Weltgeschichte geht weiter, Klöster zerfallen zu Ruinen, aber in Christgarten steht immerhin noch der Mönchschor – und wird heutzutage für evangelische Gottesdienste genutzt.

Einer der beeindruckendsten Anblicke der Tagesetappe bietet sich gegen Ende der Strecke – zumindest, wenn einem der Aufstieg noch genug Atem lässt, um aufzublicken: Die **Abtei Neresheim** liegt auf einem Berghang über dem Ort und dominiert mit ihren beeindruckenden hellen Gebäuden und dem hohen Turm der **Abteikirche** über viele Kilometer hinweg die Landschaft. Zehn Mönche leben gegenwärtig noch nach der Regel Benedikts im Kloster; ein Knabenchor gestaltet die Gottesdienste in der Abteikirche musikalisch aus. Von der Mitte bis zum Ende des 18. Jahrhunderts nach Plänen von Balthasar Neumann geschaffen, gilt die Abteikirche als spätbarockes Baudenkmal von herausragender Schönheit und Bedeutung. Sieben Kuppeln wölben sich über dem kreuzförmigen Grundriss, die Fresken von Martin Knoller unterstützen die helle, weite Wirkung des Raumes.

In Neresheim wurde in den vergangenen Jahren ein Teilstück der alten »Härtsfeldbahn« neu erschlossen, um einen Fahrbetrieb mit der historischen Bahn zu ermöglichen. Die Zugfahrten sind ein ergänzendes Angebot des **Härtsfeldbahnmuseums**. Die Bahn soll den Fahrgästen als »rollendes Museum« das Flair einer Eisenbahnfahrt übers Härtsfeld von vor etwa 50 Jahren vermitteln.

Ausgewählte Adressen und Öffnungszeiten

Nördlingen s. S. 151

Ederheim

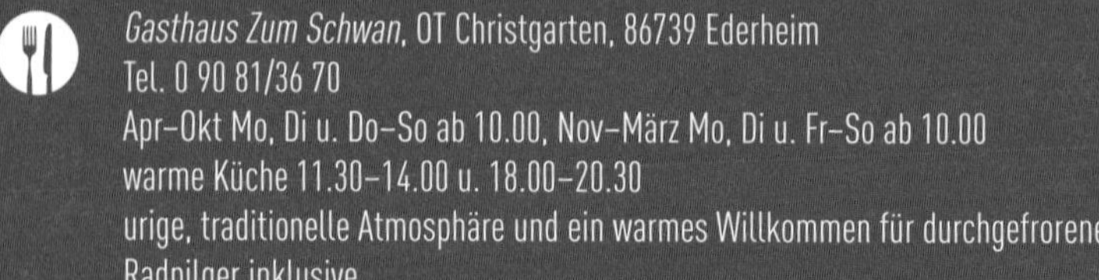

Gasthaus Zum Schwan, OT Christgarten, 86739 Ederheim
Tel. 0 90 81/36 70
Apr–Okt Mo, Di u. Do–So ab 10.00, Nov–März Mo, Di u. Fr–So ab 10.00
warme Küche 11.30–14.00 u. 18.00–20.30
urige, traditionelle Atmosphäre und ein warmes Willkommen für durchgefrorene Radpilger inklusive

Neresheim

Touristikgemeinschaft Gastliches Härtsfeld, Geschäftsstelle Neresheim
Hauptstr. 21, 73450 Neresheim, Tel. 0 73 26/81 49, www.haertsfeld.de
Mo–Do 8.30–12.00, Do 14.30–17.00, Fr 8.30–12.30

Härtsfeldmuseum, Hauptstr. 20, 73450 Neresheim
Tel. 0 73 26/8 10, Apr–Okt So 13.30–16.00
Sonderführungen vereinbaren unter Tel. 0 73 26/81 49,
Erwachsene 1,50 €, erm. 1 €, Kinder (bis 14 Jahre) 0,50 €

Härtsfeld-Museumsbahn; Reservierungen u. Sonderfahrten mit den historischen Bahnen unter Tel. 01 72/9 11 71 93, www.hmb-ev.de

Pizzeria Europa, Kösinger Str. 26, 73450 Neresheim
Tel. 0 73 26/2 37, www.pizzeria-europa.eu
Mo–Sa ab 17.00, So 11.00–14.00 u. ab 17.00

Gasthaus & Metzgerei Zur Krone, Hauptstr. 13, 73450 Neresheim
Tel. 0 73 26/96 39 00, www.neresheim-krone.de
Gaststätte Mo u. Mi–Fr 9.00–24.00, Sa u. So 10.00–14.00 u. 17.00–24.00
EZ (ohne F) ab 33 €, DZ (ohne F) ab 56 €, abgeschlossene Fahrradräume für Radwanderer

Klosterhospiz Neresheim, 73450 Neresheim
Tel. 0 73 26/96 44 20, www.klosterhospiz-neresheim.de
Übernachtung im Klosterhospiz oder im Martin-Knoller-Haus (Jugend- und Familienhaus)
Zimmerpreise auf Anfrage

Rückfahrt zum Ausgangspunkt

Die Rückfahrt von Neresheim nach Nördlingen ist etwas umständlich, aber möglich: Am Rathaus Neresheim mit Bus 7864 Richtung »ZOB Bopfingen« bis zur Endhaltestelle, dann mit Regionalbahn 57271 Richtung Donauwörth nach Nördlingen

Dem Weg folgen ...

Es ist nicht immer leicht, den richtigen Weg zu finden – oder ihm zu folgen, wenn man ihn gefunden hat. Albvereine bringen Wegmarkierungen an Bäumen und Laternenpfosten an. Kartografen, Verfasser von Wanderführern und das »Bodenpersonal Gottes« leben davon, dass sie den Menschen den rechten Weg weisen. Und an wichtigen Kreuzungen positionieren sich alten Sagen zufolge die Vertreter des Bösen, um die Menschen ins Verderben zu locken. Bei dem Weg ins Unheil handelt es sich (kleiner Tipp, falls Sie mal in die Situation kommen sollten) übrigens meist um den breiteren, scheinbar leichter begehbaren Pfad, der bald darauf steil bergab führt. Spätestens, wenn Sie in der Ferne einen feurigen Abgrund entdecken, sollten Sie sich Gedanken übers Umkehren machen.

Bei so vielen Möglichkeiten und Abzweigungen und Sackgassen ist es ganz beruhigend, als Wanderer auf dem Jakobsweg unterwegs zu sein. Zumindest weiß man immer, wo man hinwill, das Ziel steht von vornherein fest, und lästige Entscheidungen bleiben einem erspart. Selbst in einer großen Stadt, wo die Menschen oft ziellos herumlaufen, getrieben oder sich treiben lassend, folgen Pilger den Wegzeichen, die sie sicher durch das Gewirr und Gewimmel führen.

Zumindest ist das die Theorie ... Wie so viele Theorien funktioniert sie meist ganz gut, aber gelegentlich lassen einen die Markierungen dann doch im Regen stehen. Aber fürchten Sie nichts: Um im Zweifelsfall Klarheit zu schaffen, um alle Schwierigkeiten aus dem Weg zu räumen und Orientierung zu bieten, dafür ist dieses Buch da! Wenn die Jakobsmuschel schon seit einem Kilometer nicht mehr gesehen ward oder auf dem Kopf steht, wenn keiner der beiden Pfade an einer Weggabelung mit verräterischem Feuerschein ausgestattet ist, dann folgen Sie einfach den Beschreibungen Ihres vertrauenswürdigen Jakobswegführers.

Wenn es denn so einfach wäre!

»Nach der Pumpzentrale folgen Sie dem Querweg geradeaus gegenüber in der über die Autostraße führenden Richtung am Waldrand entlang, bis Sie südwärts auf dem Feldweg quer geradeaus einbiegen, wo sie links zum Gasthof einkehren, kurz bevor Sie am rechten Wegrand einen Kreuzschlepper sehen.« So oder so ähnlich las sich eine Tourenbeschreibung, mit der ich selbst vor einigen Jahren auf einer anderen Strecke des Jakobsweges unterwegs war. Meine etwas theorielastige Schulbildung am humanistischen Gymnasium mag schuld daran sein, dass ich unfähig war, die Pumpzentrale in der fränkischen Landschaft zu identifizieren. Aber als Theologin kann ich Ihnen versichern, dass meine erste Assoziation mit dem »Kreuzschlepper« (ich suchte vergebens nach einem landwirtschaftlichen Großgerät am Wegrand) nicht einem Bildstock des Leidensweges Christi galt.

Nur – wie sieht denn dann die ideale Wegbeschreibung aus?
Während ich abends im Gasthaus an der Beschreibung einer Tagesetappe feilte, erreichte mich eine Mail meines Bruders, der bei Schneefall verzweifelt in einem Zelt irgendwo zwischen Hof und Nürnberg im Wald saß und mit den gleichen Problemen kämpfte: »Liebe Schwester, du kannst dir die restlichen Etappenbeschreibungen sparen, schau: ›Kurz hinter Kalchreuth wandern wir ein Stück bergan. Vor Ende des Waldstücks und Erreichen der Höhe geht es rechts unter die Bäume. Wir durchqueren das Waldstück auf einem bequemen Waldweg, gelangen schließlich an eine Koppel mit einem winzigen überdachten Heuschober, behalten immer unsere Richtung bei und kommen nach 2 838 Kilometern nach Santiago.‹«
Es war ein verlockender Gedanke, die Querwege Querwege sein zu lassen und nicht länger Kreuze und andere landwirtschaftliche Geräte herumschleppen zu müssen. Mein Mitpilger Will aber schüttelte den Kopf. Er war auch kein Fan schwer verständlicher Ausführungen; im Zweifelsfall konsultierte er lieber eine Landkarte als einen Wanderführer, aber er fand, dass sich die Tourenbeschreibungen durchaus noch optimieren ließen. Diese ganzen Weggabelungen und Hügel und Kreuzungen und Waldstücke! Das sei doch alles ziemlich langweilig und unpoetisch. Ich überließ ihm die Tourenbeschreibung der aktuellen Etappe.
Wenn Sie morgen nach Giengen wandern, denken Sie daran: Der Weg ist das Ziel. Und hier geht's lang:
Am 3 582. Baum links biegen Sie in einen Forstweg ein. Dieser wackelt zum Waldrand hin. Am Waldrand steht ein Traktor, an dem Sie halb rechts an den Maulwurfshügeln vorbei über die Felder gehen. Sie werden links eine Wolkenfabrik sehen und rechts den Bach murmeln hören. Gehen Sie den Hang hinunter, bis Sie eine Kuh mit schläfrigen Augen sehen. Da über die Hauptstraße und geradeaus, bis Ihnen die zweite Schneeflocke auf der Nase landet. Dann gehen Sie links an der Kirche mit dem nervenden bellenden Hund vorbei und bald darauf rechts steil hinauf, bis Sie links eine Scheune sehen, wo Sie sich heimkehrende Soldaten aus dem Ersten Weltkrieg bei sommerlichem Sonnenuntergang vorstellen, und sich Gedanken machen, wie man Feindbilder abbauen kann. Da legen Sie zudem so lange eine Tee-und-Lesepause ein, bis sieben Krähen an Ihnen vorbeigezogen sind, und dann gehen Sie mit dem Wind zu Ihrer Rechten weiter.
Und wenn die Beschreibungen im Buch Ihnen irgendwann mal wirklich nicht weiterhelfen sollten, folgen Sie einfach den Muschelmarkierungen, hüten Sie sich vor feurigen Abgründen und gehen Sie ansonsten immer in der gleichen Richtung weiter, bis Sie nach 2 627 Kilometern nach Santiago kommen.

18 Ein Ausflug in den Märchenwald

Neresheim–Giengen (20 km)

Das liegt vor uns

Immer wieder am Wald entlang und im Wald führt uns der Jakobsweg heute auf den höchsten Punkt im Landkreis Dillingen an der Donau. Besonders der erste Teil der Strecke ist uns als märchenhaft in Erinnerung geblieben – kein Wunder, ging es für uns doch durch einen verschneiten Wald, durch dessen Zweige Sonnenstrahlen fielen. Es bleibt ländlich, bis wir nach Giengen an der Brenz kommen, wo die *Steiff*-Teddybären herkommen.

Hier geht's lang

Der offizielle Jakobsweg führt in **Neresheim** am **Bahnhof** vorbei in die Dischinger Straße, von der aus ein Sträßchen nach rechts zur Gallusmühle abbiegt. Wer in Neresheim selbst übernachtet hat und vom Stadtzentrum aus loswandert, biegt am Stadtgraben rechts ab und gelangt über eine kleine Straße am Ufer der Egau entlang zur Mühle. Wir überqueren den Bach und gehen links den Teerweg entlang. An der Weggabelung geht es geradeaus weiter und ein wenig bergauf, wieder etwas hinunter und dann rechts auf einem Schotterweg zum Waldrand hinauf, wo wir uns wieder rechts halten.

Wenn der nächste Schotterweg kreuzt, führt der Jakobsweg wieder ein kleines Stück rechts, dann wieder links weiter. Von einem »echten« Weg ist dabei manchmal nicht viel zu sehen, aber das sollte uns nicht irritieren. Den Wald immer zur Linken wandern wir auf das Dorf **Auernheim** zu, dessen Kirchturm schon von Weitem zu sehen ist. Es geht geradeaus weiter, nunmehr wieder auf einem aus dem Wald kommenden Weg, der kurz vor Auernheim sogar asphaltiert ist und direkt zur Kirche führt.

Radfahrern sind der schwer zu findende und bei ungünstigem Wetter schlecht passierbare Weg mit Steigungen durch den

Wald sowie die nahezu pfadlose Strecke am Waldrand entlang eher nicht zu empfehlen. Die Landstraße zwischen Neresheim und Auernheim dürfte für Radler, die nicht gerade mit dem Mountainbike unterwegs sind, die sinnvollere Wahl sein. Sie treffen an der Kirche in Auernheim wieder auf den markierten Jakobsweg.

An der Kirche von Auernheim biegen wir scharf links auf die Auertalstraße ein, wobei wir eine kurze Zeit beinahe wieder in die Richtung zurückgehen, aus der wir gekommen sind. Auf einer Wiese gabelt sich der Weg; wir gehen geradeaus (rechte Seite der Gabelung) weiter und schlagen dann einen Rechtsbogen in den Wald hinein – und gerade durch ihn hindurch, ohne uns um die Abzweigungen zu kümmern. Erst am Waldrand wenden wir uns nach links, über die Zettelhalde durch die Felder und durch den »Neuen Krautgarten« nach **Fleinheim** hinein.

Über den Mühlweg und die Rotstraße geht es an der Kirche vorbei, danach rechts in die Zangstraße und geradeaus auf einem Fußweg weiter, der uns wieder einmal durch den Wald führt und schließlich links weitergeht. Eine Weile lang verläuft unsere Strecke parallel zur Fleinheimer Straße Richtung Nattheim, schließlich stößt sie auf eine Straße, jenseits derer es etwas weiter links wieder auf einem breiten Weg in den Wald hineingeht. Dort geht es an einer Kreuzung einmal links, an einer

Weggabelung einmal rechts, aber ansonsten immer auf demselben Weg weiter, vorbei am höchsten Punkt der heutigen Etappe, bis wir oberhalb des Ortes Staufen den Wald verlassen. Wir folgen aber dem Pfad, der jetzt »Kapellenweg« heißt und uns an der Kapelle Maria Schnee entlangführt, in derselben Richtung weiter und gelangen so nach **Staufen**.

Im Ort überqueren wir den Bach, folgen erst rechts der Zwergbachstraße, dann links der Schwabenstraße auf die Straße am Kirchbach und dieser dann wieder rechts hinauf zur Kirche St. Martin auf ihrem Hügel am Ortsrand. Von dort aus wandern wir geradeaus weiter, überqueren einmal eine Straße und biegen kurz danach links ab. Wir kommen zwischen zwei Waldstücken hindurch und gelangen auf eine offene Ebene, die »Hölle« genannt, und haben jetzt die Grenze nach Baden-Württemberg überschritten. Es geht weiter geradeaus, bis wir zu den Sportanlagen vor **Giengen** gelangen. Dort geht es links mitten hindurch zum Parkplatz »Bergbad«. Wir nehmen anschließend links von der Straße einen Waldweg über den Bergrücken hinunter nach Giengen. Über die Obertorstraße gelangen wir ins Stadtzentrum mit dem **Marktplatz**, wo auch die Tourist-Information zu finden ist.

Das gibt's zu sehen

Am Ortsrand von **Auernheim** liegt auf einer Anhöhe die barocke Pfarrkirche **St. Georg**, die schon aus einiger Entfernung zu sehen ist. Weiße, graublaue und rötliche Töne prägen den Innenraum mit seinen imposanten drei Altären.

Etwas später passieren wir auf dem Jakobsweg bei 610 Metern über Normalnull den **höchsten Punkt im Landkreis** Dillingen an der Donau, der mit einer Infotafel markiert ist.

Die ehemalige Freie Reichsstadt **Giengen an der Brenz**, das Ziel dieser Etappe, begrüßt uns mit den beiden ungleichen Türmen seiner **Stadtkirche**, von denen einer ursprünglich Teil der Stadtbefestigung war, von denen der andere nach dem großen Brand der Stadt 1634 im barocken Stil neu errichtet wurde. Noch heute sind mittwochs und samstags vom alten Bläserturm die Turmbläser zu hören. Architektonisch gesehen bilden die Kirchtürme das Wahrzeichen der Stadt, doch wer Zeit für einen Bummel durch die Altstadt hat, erkennt sehr schnell, dass Giengen in Wirklichkeit von Bären beherrscht wird. Das ist kein Wunder, wurde in Giengen doch Margarete Steiff, die Erfinderin des weltbekannten Stoffbären geboren. Im **Steiff-Museum** kann man auf 2400 Quadratmetern Fläche unter anderem eine Ausstellung historischer *Steiff*-Tiere sehen, während die Kinder sich vielleicht mehr für den Streichelzoo und die Schlangenrutsche interessieren werden. Im dazugehörigen Laden gibt es natürlich vom kleinen Schlüsselanhänger bis zum riesigen Braunbären (für knapp 300 €) alles zu kaufen, was von *Steiff* hergestellt wird. Wer sich näher mit der Person Margarete Steiff beschäftigen will, die als Frau in der Industrie mit erschwerten Bedingungen zu kämpfen hatte und auch trotz einer Kinderlähmung ihren eigenen Weg gegangen ist und schließlich Geschichte geschrieben hat, der kann mit den Mitarbeitern des Museums eine Besichtigung von Margarete **Steiffs Geburtshaus** vereinbaren.

Das Licht der Wintersonne lässt die Bäume und den Pfad im Wald vor Auernheim beinahe magisch wirken.

Die Teddybärenstadt Giengen an der Brenz wird von den ungleichen Türmen der Stadtkirche überragt.

Ausgewählte Adressen und Öffnungszeiten

Neresheim s. S. 158f.

Treuchtlingen

Gasthaus Weberndörfer, Hauptstr. 43, OT Auernheim, 91757 Treuchtlingen
Tel. 0 91 42/58 66, Öffnungszeiten telefonisch erfragen

Syrgenstein

Gasthaus Schlössle, Klingenplatz 5, 89428 Syrgenstein, Tel. 0 90 77/3 99
Di–Sa 17.00–22.00, So 11.30–22.00

Giengen an der Brenz

Tourist-Information Giengen, Marktstr. 9, 89537 Giengen an der Brenz
Tel. 0 73 22/9 52 29 20, www.giengen.de (> Freizeit & Tourismus)
Mo–Do 10.00–12.30 u. 13.30–15.30, Fr 10.00–13.00, Apr–Okt zusätzl. Sa 10.00–13.00

Steiff Museum, Margarete-Steiff-Platz 1, 89537 Giengen an der Brenz
Tel. 0 73 22/13 15 00, www.steiff.com
tägl. 10.00–18.00 (außer 25. Dez, 26. Dez, 1. Jan u. Karfreitag)
Erwachsene 10 €, erm. 8 €, Kinder (6–17 Jahre) 6 €

Grand Café Hemingway, Memminger Torstr. 14, 89537 Giengen an der Brenz
Tel. 0 73 22/95 87 77, www.hemingway-giengen.de
Mo–Fr 8.00–3.00, Sa u. So 9.00–3.00

Lobinger Parkhotel, Steigstr. 110, 89537 Giengen an der Brenz
Tel. 0 73 22/95 30, www.lobinger-hotels.de
Gaststätte: Öffnungszeiten telefonisch erfragen
EZ (inkl. F) ab 82 €, DZ (inkl. F) ab 89 €
Restaurant mit deutsch-schwäbischer Küche, hoteleigene Sauna u. Fitnessraum, am Stadtrand von Giengen gelegen

Hotel und Restaurant Lamm, Marktstr. 17–19, 89537 Giengen an der Brenz
Tel. 0 73 22/9 67 80, www.lamm-giengen.de
Gaststätte: Mo–Sa 11.30–13.45 u. 18.00–20.45, So 11.30–13.45
EZ (ohne F) ab 49 €, DZ (ohne F) ab 79 €, traditionell schwäbische Küche

Tipps für lohnende Abstecher

Nattheim

Gasthaus Zum Ochsen, Hauptstr. 14, 89564 Nattheim, Tel. 0 73 21/9 24 48 48
Di–Do u. So 11.30–14.00 u. ab 17.30, Fr u. Sa ab 17.00
Schönes Restaurant, wenn auch nicht direkt auf dem Jakobsweg. Die Entfernung von Fleinheim nach Nattheim beträgt etwa 4,6 km.

OT Hürben/Giengen an der Brenz

Wer in Giengen keine passende Unterkunft findet oder noch Laufkapazitäten hat, kann die 6 km der nächsten Etappe hinter sich bringen u. in der *Pension Felsen* übernachten:

Pension Felsen, Giengener Str. 19, OT Hürben, 89537 Giengen an der Brenz
Tel. 0 73 24/55 77, www.pensionfelsenmannes.de, Zimmer (ohne F) ab 30 €

Rückfahrt zum Ausgangspunkt

Ab Giengen mit RE 22528 Richtung Crailsheim bis nach Unterkochen u. von dort aus mit dem Bus 106 Richtung »Ohmenheim Kanne« zurück nach Neresheim
Alternativ mit RE 22530 Richtung Ellwangen bis nach Heidenheim u. von dort aus mit Bus 52 Richtung »Post Neresheim« zurück zum Ausgangspunkt

Wo die Höhlenbären zu Hause sind 19

Giengen–Nerenstetten (22 km)

Das liegt vor uns

Von Giengen aus führt der Weg in einem Bogen süd- und westwärts durch Wälder und Felder sowie vorbei an einer ganzen Reihe von interessanten Sehenswürdigkeiten und Einkehrmöglichkeiten, bis der Pfad uns am Ende in das kleine Dorf Nerenstetten führt, wo sich Fuchs und Hase gute Nacht sagen.

Hier geht's lang

Vom **Marktplatz** in **Giengen** aus wandern wir auf der Spitalstraße und an der Spitalkirche vorbei über die Brenz. Wir wenden uns nach links auf die Hermaringer Straße zu, die wir dann bald rechts verlassen, um unter der Bahn hindurchzugehen. Danach geht es über eine Treppe steil den Berg hinauf. Radfahrer biegen, um die Treppe zu vermeiden, erst hinter dem Bahnhof ab, folgen der Ulmer Straße und treffen dann am Stadtrand auf einen Rad- und Fußweg, der bald darauf wieder zur nächsten Muschelmarkierung führt.

Oben biegen wir rechts ab, bis wir den Rand der Siedlung erreichen. Daraufhin geht es links weiter, mit den Häusern zur Rechten, bis wir jenseits der Siedlung auf einen Weg stoßen, dem wir nach rechts folgen – fast bis zur Autostraße. Kurz davor führt unser Weg aber nach links, über eine Straßenbrücke und geradeaus auf **Hürben** zu, wobei wir die Seestraße überqueren und geradeaus weitergehen, um im Ort auf die Straße »Am Kagberg« zu treffen, wo wir rechts gehen. Wir folgen erst der Straße, dann einem Fußweg – mit dem Berghang zur Linken und dem Verlauf der Hürbe zur Rechten –, bis wir die **Charlottenhöhle** erreichen.

Dort geht es rechts zur Straße (Lonetalstraße) und auf dem Rad- und Fußweg daneben bis zu den Ruinen der Kaltenburg. Nach der Ruine kurz rechts, dann biegen wir links auf einen Weg ab, der uns über den Fluss führt, nun am Waldrand entlang und schließlich links ein Stück aufwärts durch den Wald.

Radfahrer biegen an der Kreuzung im Wald rechts ab, Wanderer gehen dort zunächst geradeaus weiter, kurz darauf geht es dann rechts zum sogenannten **»Bettelmannsgrab«** (relativ leicht zu übersehen!) und dort wiederum rechts auf einen Grasweg, der schließlich auf einen größeren Forstweg (und gegebenenfalls die Radfahrerroute) trifft. Wir biegen dort nach links ab, wandern zum Waldrand, wo wir uns wiederum links halten, um bald darauf durch die Felder zu kommen. An der nächsten Abzweigung geht es erst rechts, danach links weiter zur Siedlung **Stetten** und via Kirchstraße in den Ort hinein, wo es auch Einkehrmöglichkeiten gibt.

Über das »Gässle« gelangen wir rechts in die Oberdorfstraße und wandern danach über die Stotzinger Straße. Jenseits davon führt ein Pfad (Wasserhauweg) bis zum Wald. Links geht es am Rand des Waldes entlang, bis ein weiterer Weg rechts unter die Bäume und durch den Wald hindurchführt. Am Ende des Waldstücks laufen wir erst noch ein Stück an seinem Rand entlang, biegen dann nach links ab zu einem geteerten Weg, wo es rechts nach **Lindenau** zum ehemaligen Klosterhospiz und heutigen Ausflugsgasthaus *Zum Schlößle* geht. Einmal links, dann wieder rechts, führt der Jakobsweg uns erneut auf den Wald zu und mitten durch ihn hindurch. Auf der anderen Seite

Geheimnisvolle Tropfsteinwelten eröffnen sich uns in der Charlottenhöhle südlich des Ortskerns von Hürben.

überqueren wir einmal die Landstraße und laufen weiter bis nach **Setzingen** – und über die Werrengasse – zum Rathaus und der evangelischen Bartholomäuskirche mit ihren Fresken aus dem 13. Jahrhundert.

Am Ortsausgang nehmen wir am Kreisverkehr die Straße zur Birkenfeldhalle (die »Breite«), der wir so lange folgen, bis wir auf den Öllinger Steig, eine befestigte Straße, stoßen und rechts nach **Nerenstetten** abbiegen. Durch die Felder geht es auf den Ortsrand zu, wo wir rechts über den Forsthausweg und links über die Hauptstraße schließlich zum **Adler** gelangen.

Das gibt's zu sehen

Wem Bildstöcke und Kirchen nach ein paar Tagen unterwegs zu viel werden, wer mehr Abenteuer erleben will, der kann an diesem Tag einen Abstecher zu Höhlenbären und Höhlenlöwen unternehmen und einen Blick auf die ferne Vergangenheit des Menschen von vor über 35 000 Jahren tun. Die **Charlottenhöhle** südlich von **Hürben** ist mit 587 Metern eine der längsten Schauhöhlen Süddeutschlands und voller beeindruckender Tropfsteine. Im dazugehörigen **»HöhlenHaus«** können nicht nur Kinder sich über die Höhle informieren. Auch für Erwachsene können »HöhlenHaus« und **»HöhlenSchauLand«** interessante historische Einblicke bieten. Warme Kleidung ist angesichts der ganzjährig bei neun Grad Celsius liegenden Temperatur der Höhle natürlich anzuraten.

Von Giengen aus sind es noch 2 500 Kilometer bis nach Santiago de Compostela – eine Strecke, für die längst nicht jeder genug Zeit, Geld und Wanderlust aufbringen kann. In Hürben, in unmittelbarer Nähe der Charlottenhöhle, hat man sich deshalb etwas ganz Eigenes ausgedacht: Nicht nur werden Sie dort am Jakobsweg selber auf einer Strecke von 1,7 Kilometern Infotafeln zu St. Jakobus und zu Legenden – wie etwa dem »Hühnerwunder« – finden, Sie können auch auf einem Rundweg, dem sogenannten **»Jakobswegle«**, die Höhepunkte der gesamten verbleibenden Strecke bis Santiago kennenlernen. Im Maßstab 1:1 000 wurden die Strecken von Giengen über Konstanz sowie der Weg über die Pyrenäen und die wichtigsten Stationen des spanischen Camino nachgebildet. Los geht es am Parkplatz der Charlottenhöhle, an der der markierte Jakobsweg ohnedies vorbeiführt.

Eiszeitliche Funde und Informationen über das Lonetal von vor 40 000 Jahren bietet der **»Archäopark Vogelherd«** mit der Vogelherdhöhle, in der bedeutende eiszeitliche Figuren aus Elfenbein entdeckt wurden.

Zu guter Letzt ist dann auch auf dieser Etappe doch noch Kirchenkunst zu besichtigen: Die **Wallfahrtskirche** in **Stetten** beheimatet eine Kopie der *Schwarzen Madonna* von Einsiedeln.

Bei so vielen Sehenswürdigkeiten auf dem Weg ist es vielleicht fast eine Erleichterung, dass das Dorf **Nerenstetten**, das Ziel der Tagesetappe, einfach nur ein Dorf ist, in dem es nicht viel zu sehen und nichts mehr zu tun gibt, als sich am Ende eines anstrengenden Tages auszuruhen oder in der Schankstube des (einzigen) Gasthauses noch ein Bier zu trinken.

HöhlenHaus und HöhlenSchauLand gehen der Geschichte von urzeitlichen Menschen und Tieren nach.

Ausgewählte Adressen und Öffnungszeiten

Giengen an der Brenz (s. auch S. 167f.)

Höhlen- und Heimatverein Giengen-Hürben, Lonetalstr. 61, 89537 Giengen
Charlottenhöhle: Tel. 0 73 24/72 96, Apr–Okt Mo–Sa 9.00–11.30 u. 13.30–16.00, So u. Fei 9.00–16.30, Erwachsene 5 €, erm. 4 €, Kinder 3,50 € (Kombinationsangebote mit *HöhlenSchauLand* möglich), mit Restaurant
HöhlenHaus: Tel. 0 73 24/98 71 46, Apr–Okt tägl. 9.00–18.00 und nach telef. Vereinbarung
HöhlenSchauLand: Tel. 0 73 24/98 72 37, tägl. 10.00–17.00 (Öffnungszeiten können Nov–März variieren)

Weitere Informationen zum »Jakobswegle«: www.jakobswegle.de

Niederstotzingen

Archäopark Vogelherd, Am Vogelherd 1, OT Stetten, 89168 Niederstotzingen
Tel. 0 73 25/9 52 80 00, www.archaeopark-vogelherd.de
Di u. Fr 11.00–18.00, Mi u. Do 9.00–18.00, Sa, So u. Fei 10.00–18.00
Familien 18 €, Erwachsene 8 €, erm. 6 €

Hotel Restaurant Zum Mohren, Oberdorfstr. 31, OT Stetten, 89168 Niederstotzingen
Tel. 0 73 25/9 22 47 11, www.lonetalhotel.de
Gaststätte Mo 17.30–22.30, Di–So 11.00–22.30
Zimmerpreise auf Anfrage

Rammingen

Gasthaus zum Schlößle, Lindenau 1, 89192 Rammingen
Tel. 0 73 45/53 12, www.ausflug-lindenau.de, Di–So ab 10.00
traditionelle schwäbische Küche, mit Angeboten auch für Vegetarier u. der Möglichkeit, freitags frisch gebackenes Brot zu kaufen

Nerenstetten

Gemeinde Nerenstetten, Schulstr. 8, 89129 Nerenstetten, Tel. 0 73 45/91 92 40

Gasthof Adler, Hauptstr. 25, 89129 Nerenstetten
Tel. 0 73 45/71 35, www.ghadler.de
Gaststätte: Mo–Fr, So u. Fei warme Küche 11.00–14.00 u. 17.00–20.00, zusätzl. »Vesperkarte«
EZ (inkl. F) 38 €, DZ (inkl. F) 56 €

Rückfahrt zum Ausgangspunkt

Bitte hier rechtzeitig informieren, um nicht den letzten Bus (aktueller Stand: 19.43) zu verpassen. Mit dem Bus Nr. 59 vom *Gasthof Adler* Richtung Bahnhof Langenau bis zur Endhaltestelle. Von Langenau aus mit dem Zug (RB) nach Giengen

20 In den Fußstapfen Napoleons

Nerenstetten–Oberelchingen (14 km)

Das liegt vor uns

Auf dieser kurzen Tour, die sich auch gut mit der letzten Etappe bis Ulm verbinden lässt, wandern wir noch einmal über Felder, über Waldwege und einsame Höhen, ehe wir uns schließlich bei Oberelchingen der Donau und der dichteren Besiedlung um Ulm nähern. Große Steigungen gibt es nicht, aber es geht immer wieder ein wenig bergauf und bergab.
Die Muschelmarkierungen sind hier ziemlich spärlich verteilt; man muss auf die ergänzenden gelben Pfeile achten, die auf den Boden gemalt sind, um wirklich zu wissen, wo es langgeht.

Hier geht's lang

Wir verlassen **Nerenstetten** über die **Schulstraße** in westlicher Richtung, gehen immer geradeaus, bis wir den Waldrand erreichen, und wenden uns dort nach links, bis wir direkt auf den Zaun stoßen, der uns von der Autobahn trennt. Hier geht es wieder links an einem Autobahnparkplatz vorbei, der den Namen »St. Jakob« trägt – nach einer alten, längst nicht mehr bestehenden Jakobskapelle.

Der Feldweg wird zur Straße, der wir folgen, bis es rechts unter der Autobahnbrücke hindurch und dann ein wenig bergan wieder zum Wald zurückgeht, dessen Wege zum Teil hübsche Namen tragen, die an den Bäumen zu lesen sind: An der ersten Kreuzung im Wald gehen wir geradeaus auf dem »Kohlplattenweg« weiter, an einigen kleineren Abzweigungen vorbei, ehe wir rechts auf den »Fuchslochweg« abbiegen. Bei der nächsten Kreuzung biegen wir links auf einen recht breiten Weg ab, der uns immer weiter bis zum Waldrand führt (Radfahrer müssen auf dem letzten Stück gegebenenfalls absteigen und schieben).

Nun geht es immer geradeaus und abwärts, an einer ehemaligen römischen Niederlassung vorbei zu dem Weiler **Osterstetten**.

Wir durchqueren die kleine Siedlung auf einer geteerten Straße, deren Windungen wir eine Anhöhe hinauf und wieder hinab zum Ort **Albeck** folgen, wo es auch eine Einkehrmöglichkeit gibt (allerdings samstags geschlossen). Am Ortseingang von Albeck geht es rechts über die Straße »Am Kohnenbühl« durch ein Wohngebiet und dann links etwas plötzlich (und nicht auf Anhieb zu sehen) einen schmalen Fußweg hinunter, bis wir auf die Straße treffen. Dort geht es links hinein in den Ortskern und zur Kirche.

Fußwanderer gehen von dort weiter über den Kirchberg und die Treppen hinauf, nach rechts und erklimmen die »Alte Steige«, während Radler an der Kirche geradeaus fahren und erst dann rechts in die »Alte Steige« abbiegen, um die Treppenstufen zu vermeiden.

Am alten Schlossturm von Albeck vorbei gehen wir hinauf bis zum Ortsausgang und nach rechts; an der nächsten Kreuzung, wo eine Bushaltestelle liegt, biegen wir kurz links ab, nur um sofort wieder nach rechts auf einem Weg durch die Felder zu gehen. Ab jetzt müssen wir auf die zusätzlichen gelben Pfeile achten, um den Jakobsweg nicht zu verlieren, der nach einer Weile links führt, sich durch die Felder schlängelt und rechts in eine Senke hinab- und anschließend wieder zum Waldrand hinaufführt. Wer sich diesen – zugegeben pittoresken – Umweg

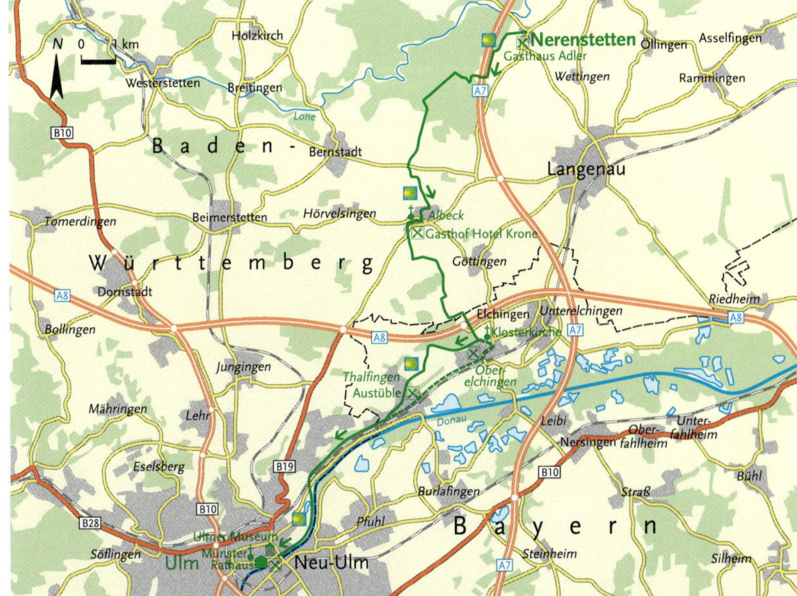

sparen will, kann der einfacheren und ebenfalls schönen Radroute folgen: Bei dieser gehen wir geradeaus bis zum Waldrand und dort links auf einem bequemen, asphaltierten Weg.

Wir kommen an einem Sportplatz vorbei und dann geht es – wiedervereint mit der markierten Route – rechts auf einen Weg am Waldrand entlang, der uns einen Blick auf die links weiter unten liegende Ortschaft Göttingen bietet, nicht zu verwechseln mit der berühmten Universitätsstadt.

Wir lassen den Wald hinter uns, überqueren eine Kreuzung und gehen ein Stück bergab, um dann an der nächsten Kreuzung nach rechts und unmittelbar danach nach links abzubiegen. Wieder einmal halten wir auf den Wald zu und biegen, wenn wir ihn fast erreicht haben, links ab. Bald darauf führt rechts ein Weg unter der Autobahn hindurch. Wer in **Oberelchingen** Halt machen oder sich die ehemalige Klosteranlage ansehen will, folgt dem Weg einfach geradeaus in den Ort hinein und immer bergab.

Nach dem Aufstieg über die »Alte Steige« gönnen sich die müden Wanderer im Schatten des Albecker Schlossturms eine Rast.

Wer weiterwandert, um noch am selben Tag nach **Ulm** zu kommen, geht bis zum Ortsrand auf dieser Straße weiter, folgt einer Linkskurve und biegt gleich danach scharf rechts ab, auf den »Panorama-Höhenweg«, der am Rande des Großen Forsts von Elchingen entlangführt (s. S. 184).

Das gibt's zu sehen

Albeck ist ein kleiner, auf den ersten Blick nicht besonders spannender Ort. Die Kirche mit ihrem schönen Kreuzgewölbe ist **St. Jakobus** geweiht und somit für Jakobspilger von einem gewissen Interesse.

Im heutigen **Gasthof Krone** wurde im Jahr 1861 Robert Bosch geboren. Das **Schloss**, dessen hoher, zinnenbewehrter Rundturm ein beeindruckendes Bild abgibt, hat eine wechselhafte Geschichte hinter sich und befindet sich heute in Privatbesitz. Nach dem mühevollen Aufstieg über die »Alte Steige« kann man sich am Schloss auf einer Bank niederlassen, um wieder Atem zu holen und die Umgebung zu genießen.

Auch **Elchingen**, das wir nach mehreren Kilometern in der »Wildnis« erreichen, wirkt zunächst einmal nicht aufregend, ist aber tatsächlich ein historisch nicht ganz unbedeutender Ort. Napoleon quartierte sich im Oktober 1805 im damaligen Kloster ein, von dem heute nur noch die **Klosterkirche**, die Mauer und das Westtor stehen. Der Feldherr hatte am 14. Oktober die »Schlacht von Elchingen« für sich entscheiden und damit mehr oder weniger den Koalitionskrieg gewinnen können. Auch durch diesen Sieg wurde das weitere Schicksal des bereits 1802 im Zuge der Säkularisation aufgelösten Klosters mitbestimmt: Die Türme der romanischen Klosterkirche St. Peter und Paul sollten unvollendet bleiben, das Kloster selbst in den folgenden Jahren weitgehend abgebrochen werden.

Nur die Kirche zeugt noch von der einstigen Bedeutung: In weißer und goldener Pracht erheben sich Säulen und Rundbögen über dem Besucher, im Seitenflügel findet sich eine Madonnenfigur – die Gnadenmutter von den sieben Schmerzen – zu der in der Frühen Neuzeit Wallfahrten durchgeführt wurden. Auch im Altar im nördlichen Seitenschiff dominieren Weiß und Gold als starker Kontrast zu den sieben Schwertern, die Marias sieben Schmerzen symbolisieren.

Ausgewählte Adressen und Öffnungszeiten

Nerenstetten s. S. 175

Albeck

Gasthof Hotel Krone Albeck, Robert-Bosch-Str. 13, OT Langenau, 89129 Albeck
Tel. 0 73 45/9 62 90, www.hotel-krone-albeck.de
Gaststätte: Mo–Mi u. Fr 11.30–13.30 u. 17.30–22.00, Do 11.30–14.00,
So 11.00–14.00 u. 17.30–20.00, gutbürgerliche Küche
Zimmerpreise auf Anfrage

Elchingen

Gemeinde Elchingen, Rathaus Thalfingen, Pfarrgässle 2, 89275 Elchingen
Tel. 07 31/2 06 60, www.elchingen.de

Klosterkirche Oberelchingen
Tel. 07 31/26 43 62, www.pfarrgemeinde-oberelchingen
Mo–Do 8.30–18.00 (im Winter bis 17.00), Fr 8.30–17.00 (im Winter bis 15.00)

Klosterbräustuben Oberelchingen, Klosterhof 1, 89275 Elchingen
Tel. 0 73 08/92 90 75, www.klosterbraeustube.de, Mo u. Mi–So 10.00–23.00
schwäb. Spezialitäten wie Spätzle und Maultaschen, saisonale u. regionale Küche

Gasthof Hotel Krone, Klostersteige 38, 89275 Elchingen
Tel. 0 73 08/25 86, www.gasthof-hotel-krone.de
Gaststätte: Öffnungszeiten telef. erfragen, EZ (inkl. F) ab 57 €, DZ (inkl. F) ab 80 €

Pia Schneider (privat), Hauptstr. 34, 89275 Elchingen
Tel. 0 73 08/65 21, Zimmerpreise auf Anfrage

Appartements Huber, Hauptstr. 25a, 89275 Elchingen
Tel. 0 73 08/92 26 41, www.appartements-huber.de
Appartements u. Ferienwohnungen für 2–7 Pers. ab 40 €

Rückfahrt zum Ausgangspunkt

Unkompliziert ist die Rückfahrt nach Giengen mit dem RE Richtung Crailsheim vom Bahnhof Oberelchingen aus. Wer nach Nerenstetten zurückkehren will, nimmt vom Bahnhof in Oberelchingen den Bus Nr. 59 Richtung Niederstotzigen u. kommt zurück zum *Adler* in Nerenstetten. Der Bus verkehrt allerdings nur zweimal tägl., zuletzt um 19.24.

Vom Ulmer Spatzen und schiefen Türmen

»Edle künstlerische Tradition«, verbunden mit »schlichter und gesunder Wesensart« – so beschrieb Albert Einstein seine Heimatstadt Ulm. Von besonderer Schlauheit sagte das Genie nichts, und wenn man der Sage glauben darf, waren die Ulmer (zumindest im 14. Jahrhundert beim Bau des Münsters) nicht eben von besonders schneller Auffassungsgabe, als sie einen Balken für den Bau des gewaltigen Kirchturms einfach nicht durch das Stadttor bekamen. Es bedurfte des Vorbilds eines kleinen, aufgeweckten Spatzen beim Bau seines Nestes, um die Ulmer auf die wohl doch naheliegende Idee zu bringen, den verflixten Balken einfach längs durchs Tor zu tragen. Die Stadt zeigt dem gefiederten Baumeister dafür heute noch rührende Dankbarkeit, und der »Ulmer Spatz« mit seinem Halm im Schnabel ist nicht nur in einer Vitrine im Münster, sondern auch auf dessen Dach sowie als Skulptur an vielen Orten der Stadt zu sehen – und als Souvenir zu kaufen.

Den schönsten Blick auf die Stadt hat man, wenn man von der Neu-Ulmer Seite über die Donau schaut: Der Turm des Münsters kommt in seiner vollen Höhe zur Geltung, unweit davon ist das gläserne Pyramidendach der Zentralbibliothek zu sehen, und der Metzgerturm, durch den der Jakobspilger die Stadt betritt, zeigt seine beachtliche Schlagseite, neigt er sich doch bei einer Höhe von 36 Metern um 2,05 Meter nach Nordwesten. Es handelt sich beim Metzgerturm damit nicht um den schiefsten Turm der Welt, aber dennoch fragt man sich bei einem Gang durch die Altstadt: Was haben die Ulmer Baumeister eigentlich wirklich in ihren Tee gekippt? Da kommen wir an Fachwerkhäusern vorbei, bei denen sich im Wortsinn die Balken biegen, und das ist noch, *bevor* man uns auf das »schiefe Haus« aufmerksam macht. Ein *noch schieferes* Haus? Offensichtlich ja: Das Fachwerkhaus am Fuß der Staufenmauer über der Blau wird im *Guinnessbuch der Rekorde* geführt, und wir alle wissen, was das heißt.

Das alles bedeutet aber natürlich nicht, dass die Ulmer nicht bauen können. Ein Blick auf und ins Münster mit dem höchsten Kirchturm Deutschlands macht das ganz schnell klar. Stille und Licht, das sind die ersten Impressionen beim Eintreten: die Stille eines hohen, majestätischen Raums, und das Licht, das durch die bunten Glasfenster fällt und schillernd auf den Säulen ruht. Statuen blicken auf den Besucher herab: Martin Luther, der Pietist August Hermann Francke, der protestantische Kirchenlieddichter Paul Gerhardt. Und natürlich grüßt von einer Säule der Apostel Jakobus mit Muschelhut und Wanderstab Pilgerinnen und Pilger.

Ulm hat im Übrigen auch ein modernes Gesicht: Die »Neue Mitte« bildet einen interessanten architektonischen Gegensatz zu Münster und Rathaus in deren unmittelbarer Nachbarschaft. Das Stadthaus, der Glaspalast der Bibliothek, die klare Formensprache des Sparkassengebäudes ... Anders als in anderen Städten sind diese Neubauten zwar modern, stehen im Kontrast zu barocker Pracht und schiefen Fachwerkbalken, haben aber ihre eigene Faszination, ergänzen die Facetten der Stadt, anstatt sie zu beschädigen. Auf dem Weinhof, einem Platz ein Stück näher zur Donau hin, steht die 2012 eingeweihte neue Synagoge der Stadt, in unmittelbarer Nähe des 1938 zerstörten jüdischen Gotteshauses.

Das ist in Ulm (und um Ulm herum) natürlich erst der Anfang; es gibt noch viel zu sehen und zu entdecken. Einstweilen tun dem Wanderer wahrscheinlich die Füße weh, und der nächste Weg führt in eines der schönen Cafés der Stadt, denn auch so lässt sich ein Ort erfahren: mit einer Kaffeetasse vor sich und dem Blick auf den Fluss oder aufs Rathaus.

21 In Ulm und um Ulm und um Ulm herum

Oberelchingen–Ulm (12 km)

Das liegt vor uns

Der letzte Abschnitt liegt vor uns – außer für diejenigen, die über die in diesem Buch beschriebenen Strecken hinaus noch weiterwandern wollen Richtung Konstanz. Am Ende dieser kurzen Strecke werden wir Ulm durch das Metzgertor betreten – und noch genug Zeit haben für einen Stadtbummel und die wichtigsten Sehenswürdigkeiten. Freilich lässt sich auch ein zweiter Tag in der Doppelstadt an der Donau problemlos füllen. Es geht ohne Schwierigkeiten über den »Panoramaweg« am Großen Forst und später an der Donau entlang – zumindest in der neueren Jakobswegvariante. **Radfahrer** halten sich auf jeden Fall an den »Donauradweg«, auf dem sie bequem bis zum Metzgertor fahren, durch das alle Pilger die Stadt betreten.

Hier geht's lang

Am nördlichen Ortseingang von **Oberelchingen** führt rechts vom Forstweg der große **»Panorama-Höhenweg«** weg, dem wir folgen, den Wald zur Rechten, zur Linken den weiten Blick auf Elchingen und über die Felder. An einer Weggabelung gehen wir nicht rechts in den Wald hinein, sondern nehmen die linke Abzweigung weiter am Waldrand entlang.

Am Ende des Waldstücks biegen wir wiederum links ab, verlassen den »Panoramaweg« und wandern nunmehr südwärts übers Feld. An einem Zaun geht es rechts weiter. Wir passieren einen Reiterhof und wandern nach **Thalfingen** hinunter auf dem Kugelbergweg. Dieser mündet in den Weitfelder Weg, auf dem wir die Laurentiuskirche passieren, um auf der Elchinger Straße nach rechts abzubiegen und so auf die Ulmer Straße zu gelangen. Wo diese sich gabelt, folgen wir ihr nach links in eine Sackgasse hinein, die allerdings zum Fußgängerweg wird. Der führt neben der Bahnlinie durch leicht waldiges Gelände – ein Stück weiter links fließt bereits die Donau.

Diesem Weg folgen wir so lange, bis er an der Böfinger Steige endet. Dort wenden wir uns nach links und gehen unter der Bahnlinie hindurch, überqueren die Straße und gelangen so auf den **»Donauradweg«**.

Mit dem Fluss zur Linken wandern wir immer weiter, bis wir schließlich rechts durch das **Metzgertor** die alte Stadtmauer passieren. Die Straße führt uns zum wunderschönen Rathausgebäude.

Auf dessen Hinterseite überqueren wir die Neue Straße, um in die Brautgasse und somit zum **Münster** zu kommen, wo die in diesem Buch beschriebene Strecke des Jakobsweges endet, während der Weg selbst natürlich weitergeht – über Konstanz nach Einsiedeln und weiter nach Süden und Westen bis nach Santiago.

Das gibt's zu sehen

Das erste, woran die meisten Menschen bei **Ulm** denken, ist sicher das **Münster** mit dem 161,53 Meter hohen Turm. 768 Stufen führen zu diesem höchsten Kirchturm der Welt hinauf – den es übrigens in seiner vollendeten Form erst seit dem Jahr 1890 gibt. Fast 300 Jahre lang ruhten nämlich die im 14. Jahrhundert begonnenen Bauarbeiten an dem Riesenprojekt.

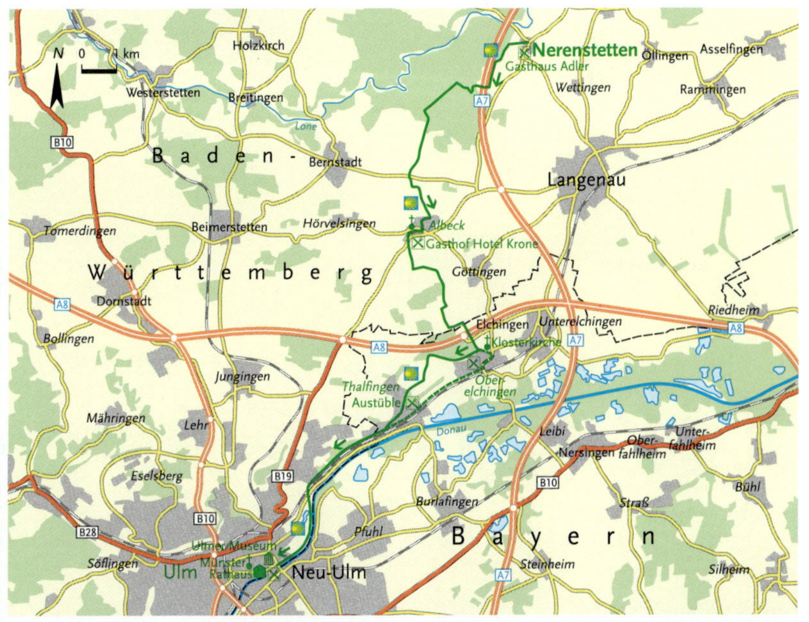

Aber natürlich gibt es in Ulm noch weitere sehenswerte Kirchen. Markant und trutzig wirken die Doppeltürme der als Garnisonskirche konzipierten evangelischen **Paulskirche** aus dem Jahr 1910 mit ihrem Torbogen; das Innere ist weit und schlicht und reduziert auf das Wesentliche. Im Kontrast dazu, obwohl fast gleichzeitig entstanden, steht die **Georgskirche**, die in Anlehnung an spätgotische Formen errichtet wurde und mit bemalten Säulen und bunten, üppigen Wandgemälden prunkt.

Ein Blickfang ist das Ulmer **Rathaus** aus der Zeit der Frührenaissance mit seiner opulent bemalten Fassade. Um 1520 wurde die reich verzierte astronomische Uhr an der Ostseite des Gebäudes angebracht. Mit ihren fünf beweglichen Elementen (u. a. einem Sonnen- und einem Mondzeiger) gehört sie zu den komplexesten Werken ihrer Art in Deutschland. In der Mitte zeigt der ebenfalls bewegliche goldene Drache an, wann eine Mond- oder Sonnenfinsternis stattfindet.

Neben dem Rathaus erhebt sich die moderne Glaspyramide der **Bibliothek**, die im Jahr 2004 eröffnet wurde. Ihre Oberfläche besteht aus nahezu 5000 Quadratmetern Glas.

Das **Fischer- und Gerberviertel** an der Mündung der Blau in die Donau ist das bedeutendste Altstadtensemble von Ulm und lädt zu einem Bummel durch Gassen, über Brücken und an

Fachwerkhäusern vorbei ein. Einst lebten und arbeiteten dort die Handwerker der Stadt, heute finden sich dort Restaurants, Kunstgalerien und kleine Läden abseits des Mainstreams.

Das **Ulmer Museum** am Marktplatz zeigt mit dem »Löwenmenschen« aus Elfenbein eine der ältesten figürlichen Darstellungen des Menschen, erzählt die Geschichte der Stadt Ulm und verfügt über eine barocke Kunst- und Wundersammlung, unter anderem mit einem für acht Spieler konzipierten Schachspiel. Wenn Sie wissen wollen, was beim letzten Abendmahl außer Brot noch auf dem Speiseplan stand: In der Sammlung historischer Werke aus der Spätgotik verbindet sich biblische Frömmigkeit mit regionalem Selbstverständnis. Und so liegen nicht nur Brotlaibe auf dem Tisch, wenn Jesus seinen Jüngern die Füße wäscht, sondern auch ein paar typisch süddeutsche Brezeln. Und manche Bilddarstellungen religiöser Themen muten dem modernen Menschen ganz und gar fremd an: Da schütten die vier Evangelisten in ihren Tiergestalten Getreide in eine Mühle, die von den Aposteln in Gang gesetzt wird, und unten fallen Hostien heraus, die wiederum in einem Kelch aufgefangen werden, in dem das Jesuskind sitzt.

Brezeln hin oder her – ein noch viel bedeutenderes Nahrungsmittel ist Brot. Geschichte und Herstellung des Brots, Mahlverfahren und Teigzubereitung – im **Museum für Brotkultur** erfährt der Besucher alles über eines unserer ältesten und wichtigsten Grundnahrungsmittel. Thematisiert werden in der Ausstellung aber auch die symbolische Bedeutung des Brots sowie der Hunger in der Welt.

Im Kobelgraben gibt es einen **»Duft- und Tastgarten«**. Ursprünglich für blinde und sehbehinderte Menschen konzipiert, lädt er auch Sehende dazu ein, sich vom Tast- und Geruchssinn leiten zu lassen. Im Zentrum des Gartens steht ein Brunnen, dessen Schalen so geformt sind, dass sie das Wasser zu einer Acht formen, deren Bewegung man spüren kann.

Eine Stadt erleben – das kann natürlich über das Abklappern der großen Sehenswürdigkeiten hinausgehen, kann auch einfach bedeuten, einen schönen Ort, ein gutes Essen oder eine besondere Aktivität zu genießen. Lassen Sie sich ein Stück Kuchen im **Café Fräulein Berger** schmecken, entspannen Sie nach den Anstrengungen der Wanderung im **Donaubad** oder suchen Sie sich neue sportliche Herausforderungen in der Neu-Ulmer **Kletterhalle**.

Ausgewählte Adressen und Öffnungszeiten

Elchingen (s. auch S. 180f.)

Hotel und Gasthof Austüble, Austr. 26, OT Thalfingen, 89275 Elchingen
Tel. 07 31/26 31 35, www.austueble.de
Gaststätte: Mo, Mi–Fr, So u. Fei 10.00–23.00, Sa nach Vereinbarung
EZ (inkl. F) 36 €, DZ (inkl. F) 87 €

Ulm

Tourist-Information Ulm/Neu-Ulm, Münsterplatz 50, 89073 Ulm
Tel. 07 31/1 61 28 30, www.tourismus.ulm.de
Mo–Fr 9.00–18.00, Sa 9.00–16.00, Apr–Dez zusätzl. So u. Fei 11.00–15.00

Ulmer Museum, Marktplatz 9, 89073 Ulm
Tel. 07 31/1 61 43 30, Di–So 11.00–17.00, Do Sonderausstellungen bis 20.00
Familien 8 €, Erwachsene 5 €, erm. 3,50 €
Das Museum zeigt u. a. den »Löwenmenschen«, eine der ältesten figürlichen Darstellungen der Menschheit.

Museum der Brotkultur, Salzstadelgasse 10, 89073 Ulm
Tel. 07 31/6 99 55, www.museum-brotkultur.de
tägl. 10.00–17.00, Familien 10 €, Erwachsene 4 €, erm. 3 €

Naturkundliches Bildungszentrum, Kornhausgasse 3, 89073 Ulm
Tel. 07 31/1 61 47 42, www.naturkunde-museum.ulm.de
Di–Fr 10.00–16.00, Sa, So u. Fei 11.00–17.00, im Aug geschlossen
Erwachsene 2,40 €, erm. 1,60 €.
In den Ausstellungen des Museums geht es um das Verhältnis von Mensch und Natur, um lebende Fossilien, um die Lebensräume von Tieren und den Forschungsdrang des Menschen.

Donaubad WONNEMAR, Wiblinger Str. 55, 89231 Neu-Ulm
Tel. 07 31/9 85 59 90, www.wonnemar.de
So–Do 10.00–21.00 (Okt–Apr tägl. bis 22.00), Fr u. Sa 10.00–23.00
variierende Preise je nach Aufenthaltsdauer u. Angebot
Erlebniswelt mit verschiedenen Rutschen u. Strömungsbad im Außenbecken

Sparkassendome DAV Kletterwelt Neu-Ulm, Nelsonallee 17, 89231 Neu-Ulm
Tel. 07 31/60 30 75 10, www.sparkassendome.de, tägl. 9.00–23.00
Ermäßigungen für DAV-Mitglieder
große Kletterhalle mit Kletterhöhe von 17 m, Kindererlebniswelt u. Slacklines

Café Fräulein Berger, Herrenkellergasse 14, 89073 Ulm
Tel. 07 31/60 28 89 33, www.fraeuleinberger.de
Di–Do u. So 9.00–20.00, Fr 9.00–22.00, Sa 10.00–22.00
individuell eingerichtetes Café zum Genießen, Lesen, Unterhalten

Café Restaurant Si, Salzstadelgasse 11, 89073 Ulm
Tel. 07 31/39 96 73 00, Mo–Fr 10.30–14.00 u. 17.00–24.00, Sa 17.00–24.00
mediterrane Küche u. Cocktails in stimmungsvollem Ambiente

Café Brettle, Rabengasse 10, 89073 Ulm
Tel. 07 31/6 65 02, www.brettle-ulm.de
Mo–Do u. So 10.00–1.00, Fr 10.00–2.00, Sa 8.00–2.00
»Kulturcafé« mit Kuchen, kleinen Speisen u. regelmäßigen *Tatort*-Abenden

Hotel und Restaurant Ulmer Spatz, Münsterplatz 27, 89073 Ulm
Tel. 07 31/6 80 81, www.hotel-ulmer-spatz.com,
Gaststätte: warme Küche tägl. 11.30–14.30 u. 18.00–21.00
EZ (inkl. F) ab 69 €, DZ (inkl. F) ab 97 €

Hotel am Rathaus und Hotel Reblaus, Kronengasse 8–10, 89073 Ulm
Tel. 07 31/96 84 90, www.rathausulm.de
Zwei zusammengehörige Hotels mitten in der Altstadt, die sehr stilvolle Übernachtungen u. freundliche Aufnahme bieten. Das Fachwerkhaus des *Hotels Reblaus* wirkt von außen noch anziehender, doch im Inneren ist auch das *Hotel am Rathaus* liebevoll eingerichtet, DZ (inkl. F) ab 98€

Rückfahrt zum Ausgangspunkt

Vom Ulmer Bahnhof mit dem Zug (RE) Richtung Crailsheim zurück nach Oberelchingen

Ortsregister*

(* Anm. zur Registernutzung: Dörfer, Weiler, Gemeinde- und Ortsteile sind – möglichst vollständig – eigens angegeben; die dazugehörigen Seitenzahlen sind deshalb *nicht* zwangsläufig auch unter den Überbegriffen zu finden.)

A

B

C

D

E

F

G

H

I

J

K

L

M

N

O

P

R

S

T

U

W